Ausgabe 07

JENNY

Denken. Glänzen. Text.

edition:'ʌngewʌndtə
Universität für angewandte Kunst Wien
University of Applied Arts Vienna

Herausgegeben
von Gerald Bast, Rektor

Buchreihe der Universität für angewandte Kunst Wien

Ausgabe 07

JENNY

Denken. Glänzen. Text.

Hannah Bründl
Dora Koderhold
Greta Pichler
Bettina Scheiflinger
Mara Schmitz

(Hg.)

DE GRUYTER

Ferdinand Schmatz, Gerhild Steinbuch

davor

JENNY ist erblüht.
Texte der Vielfalt – ihre Formen und Inhalte betreffend – sind entstanden und haben ihren Platz darin gefunden.

Dieser Platz ist ein Platz der Bewegung. So wie in der Sprachkunst seit 10 Jahren Lehre Praxis Bewegung ist, was beobachtungs-dichterische Transformationsvorgänge und Einbringung durch Schreib- und andere Darstellungsweisen anbelangt.

JENNY ist dabei mehr als eine schriftlich-bildliche Platzhalterin, sie ist ein Raum, in dem auch die sozial und politisch gewichteten Bewegungen des gesellschaftlichen Feldes ihren Raum der Analyse und der künstlerischen Durchleuchtung erfuhren. Und erfahren. Und erfahren werden.

Die Sensoren sind feingliedrig symbolisch und scheuen dennoch nicht das rohe Reale. Dieses aber wurde und wird abgeklopft auf sein mit Sprache und anderen Repräsentationsformen Gebundenes. Im Innen wie im Außen. Beides, Fremd- und Selbstbeobachtung ergeben dann jene Welt aus Welten, die in der JENNY eine des Prozesses ist. Und die versucht genau diese vielfältige Welt aus Welten in heterogenen Weisen der Umschreibung zu vermitteln:
Satirisch zu unterlaufen, heftig anzuprangern, selbstbewusst zu verändern.

Diese Vermittlungsarbeit ist also radikal, vom rohen hin zum ziselierten Idiom. Dessen Formen, die sich ihr Inhalt sucht, werden an das Licht geführt.

Um diese Idiome besser verstehen zu lernen und sich selbst in diesem ausgesetzten Prozess des Verstehens.

Um diese zwei Möglichkeiten des Verstehens hält auch die JENNY Ausschau. Auch um die geht es ihr.

Es geht – auch das ist Bewegung. Der Weg dieses Untersuchens von recherchierten oder halluzinierten Materialien hat dabei einen Fokus, allerdings ohne ideologische Zielgerichtetheit: Jenen der Bedingtheiten, der Beschränkungen und Erweiterungsmöglichkeiten von Kommunikation.

Das ist leicht gesagt und oft zu hören. Aber JENNY nimmt den Disput auf und versucht den Dialog in Gang zu bringen.
Ja: Schon wieder Bewegung.
Ja, von Seite zu Seite gilt es zu blättern, und das Rauschen dieses Blätterwaldes ist von ironischen und ernsten Winden der Wut und der Zuneigung getragen. Diese stecken – nein besser: werden aus den Autorinnen und Autoren hervorgelockt, um sie im Feld des Ästhetischen zu verhandeln. Um sie wenigstens dort einem Austausch bereit zu stellen. Ein Feld, das sich als ein heiteres Labor der Vermischung von Verfahrensweisen begreift – herrührend und fußend auf der Basis der für die Verwandlung von Information zur Botschaft entsprechenden Medien.

Dabei versucht JENNY, dieses Begreifen ständig in Frage zu stellen.

Wie sie auch die Medien in Frage stellt, die Realität nicht nur vermitteln, sondern auch erzeugen. Das setzt dichterisch persönliche Verantwortung voraus und erzeugt diese ständig mit.

Ja, und diese Verantwortung der Erzeugung von Welt- und Wirkungsweisen ist spürbar in den verschlungenen Beeten der JENNY. Die Gärtnerinnen säen mit Respekt, aber was entwächst kann auch zur Schlingpflanze werden. Welche die Betonmauern der Beet-Grenzen überwuchern hilft.

Das heißt auch hier: Vorgang, Aktion, Attacke wenn nötig! Aber auch Achtung vor den Bedingungen, die Zustände erzwingen und damit vor denjenigen, die es zu kritisieren gilt: um sie vom Moment ihrer Bloßstellung in eine der schonungslosen Kritik jener, die diese Abhängigkeiten auslösen, überzuführen.

Aber die Grenzen dieses Überführens sind klar. Dort wo die Verachtung des Anderen in Faschismus und Rassismus mündet, schreit die JENNY auf.

Aber sie weiß von ihrer begrenzten Wirkungsmächtigkeit. Und auch vom Scheitern ihrer hier so feiernd vorgetragenen Absichten.

Zu den schönsten Büchern zu gehören kann dies nicht überdecken. Weg mit der Bonbonniere. Aus den Fasern des gefällten Baumes, die in jeder Seite schlummern, werden diese zum Blatt und wieder zum Leben über den toten Buchstaben erweckt.

(Ferdinand Schmatz)

Viele der im vorliegenden Heft versammelten Texte thematisieren Grenzen, sie befragen Grenzen: als Kerben, Schnitte, Linien, Trennungen, Abbrüche, aber auch als Übertretungen, nicht klar begrenzbare Übergänge, bezeichnen Einzelteile – Ausschnitte, die durch die Trennlinie den Blick aufs (vermeintlich) Ganze scharfstellen. Konservieren: Vertrautes, alte Identitäten, Kindheitsprothesen, etwas wird als Zubehör gekennzeichnet und zur Ansicht aufgehoben, vom erzählenden Ich, vom Umfeld, von Text.

Der Text verlässt ein Territorium, betritt ein anderes, reist, betrachtet das Übereinanderlegen von Fremdem und Eigenem, bleibt immer Fahrende*r, bleibt immer zurück, wird zurückgehalten, kannst du nicht wieder werden wie früher. Betritt Rückzugs-, Abschlussorte, bietet keinen Rückzug mehr, auch nicht für andere Körper, zieht hoch, zieht da rein, richtet sich ein, höhlt sich ein. Die Frage, wo du hingehörst zum Überleben, zum Überleben oder nicht, Überleben im Immergleichen. Oder nicht. Der Text fragt nach dem Übergang, Auflösung, dem Verschwinden (in der Geschichte der anderen), Verschwindenlassen (die Geschichte der anderen).

Ich denke an Grenzen, während ich lese, meine Ordnung und Struktur, immer wieder unterbreche ich mit meiner Welt, das einfachste Ordnungsprinzip von allen, um ein System bemüht aus Text und mir, in dem ich ziemlich sicher stehen kann. Ich denke an Grenzen, während ich lese, abgelenkt und abgezogen. Ich lese, während Österreich sich (hoffentlich) erinnert an Geschichte und mögliche andere Zukünfte, und ich schaue aus dem Außen, dem sogenannten Außen, das in Wirklichkeit ein ziemlich großes Innen ist (meines) in die Textzusammenstellung.

Ich frage mich: Wie erzählt man abgedruckt und endlich das, was draußen wuchert? Wenn das Wort so schnell geworden ist, dass man mit dem Wenden nicht mehr hinterherkommt, dass man mit dem Auskundschaften der rechten Aushöhlungen nicht mehr hinterherkommt, wenn man auf ausgetrampelten Pfaden hinterherkeucht, während das eigentliche Geschehen in anderen Räumen stattfindet, was macht dann das Schreiben, was macht das mit dem Schreiben? Wie interveniert der Text in jene standfesten Körper, die gerne als etwas anderes als sie selbst erscheinen und Realitäten durch begriffliche Realitätsbehauptung konstruieren? Und wie überschreibt er die anderen Körper nicht?

Das Tempo der sogenannten Welt, das Rasen im Kopf, die klammen Fingerlein beim Scrollen. Die Grenzen der eigenen Geschwindigkeit: Wie kann der Text dem Dauertempo hinterher, dem Leistungstempo, überholt er oder schaut er aus dem Abseits beim Grand Prix zu? Muss er nicht zwangsläufig scheitern, und was soll das dann überhaupt?

Anstelle einer Vorbemerkung deswegen hier also ein paar scheiternde Sätze. Über mein Scheitern daran, die Vielfalt zu beschreiben, die Vielfalt der Texte, der Perspektiven, der Stimmen im vorliegenden Heft, mein Scheitern der Prinzipientreue einer schönen grauen Schubladenordnung beim Lesen, beim nochmaligen Lesen. Ich denke also an Grenzen, während ich lese, meine Ordnung und Struktur, die stört, die versucht, ein sehr fades sehr gerades Haus zu bauen aus den vorliegenden Texten, ein heftgültiges Prinzip zu finden, das auch ich verstehen kann, die Grenzen meiner Zwangsneurose, schon schön.

Aber eingedenk der Grenzen und der obigen Betrachtung der sogenannten Welt ließe sich das Scheitern am Schreiben auch als etwas anderes setzen: Scheitern als Schutzraum. Als andere Geschwindigkeit gegen die Leistungsgeschwindigkeit, als Möglichkeit für Vielfalt, Vielfältiges, das nicht unter ein Vorwortthema passt.

Wenn ich mir also etwas wünschen dürfte oder könnte, dann wäre es die JENNY in die Zukunft – als ein weiterhin sehr schöner Ort, in dem man scheitert, scheitern darf und soll. Als sichere Unsicherheit für das eigene Schreiben, als Plädoyer für das Experiment.

(Gerhild Steinbuch)

nur
mit dir
in der
U4

ABHANDENKOMMEN

Anna Maschik

RUNDE RÜCKEN

Elena Huber

SCHIEFER

Linn Penelope Micklitz

notorisch nuckelst du am himmel

Anna Maschik

Abhanden-kommen

I

Die Männer sitzen in ihren Waren wie in Nestern oder großen Kokons. Ausgeburten von Leder und Wolle – gehören den Dingen ebenso wie sie ihnen gehören. Dass ein Land ein solches Übermaß an nackten Dingen in die Welt gebiert. Die Dinge sind zu allen Seiten gleich, verschieden nur die Gesichter darin. Was es gibt, gibt es immer vielfach. In die Gassen zu gehen, bedeutet unter die Dinge zu gehen. Heute unter die Gewürze, morgen unter die Körbe, die als weite Felder oder krumme Säulen stehen.
Ich wollte die Gassen kennenlernen, doch ich kam nicht über die Dinge hinaus. Den Süßigkeitenhändler, den seine Berge an Zucker zu begraben drohten. Die kauernde Alte, die Winzigkeiten feilbot: nicht mehr als zwei, drei Äpfel auf einem Taschentuch.

II

Zwischen der Stadt und dem Meer sind Mensch und Boden sich einig geworden. Wie abgebrochene Zähne stehen Mauern in der Landschaft, von derselben Farbe wie die Wüste, die sie umgibt. Die Menschen halten an ihren Böden fest, streichen auch die neuen Mauern aus Stein und Beton wüstenfarben. Jetzt zieht ein Flussbett seine Furchen, es tummelt sich darum was leben will. Die Grenze von grün zu rot wie mit dem Lineal gezogen. Nah der Küste: die ersten weißen Häuser. Sie scheinen selbst erstaunt über ihre Farbe, sind aus Papier, vorsichtig auf den Grund gesetzt, anstatt aus ihm erwachsen. Ich atme mit Vorsicht, berühre nichts. Sehne mich nach Wänden, die himmelstrebender Boden sind.

III

Die Tajine ist ein vielschichtiges Essen. Ebenso verhüllt wie das meiste in diesem Land und ebenso erst nach und nach zu begreifen. Zuerst: Der Geruch aus der Küche. Dann das Brutzeln, wenn sie auf dem Tisch steht, aber noch unter dem spitzen Deckel aus Ton verborgen bleibt. Nachdem er gehoben ist, ein langsames Herantasten. Mit dem Brot wird das Gemüse abgetupft, Saft und Geschmack darin aufgesogen. Schichtweise: Karotte, Zucchini, Kartoffel, zuinnerst das Huhn. Es ist eine sorgfältige Art zu essen, die an das Betasten der zusammengeschnürten Hühner am Markt erinnert. Und daran, wie die Frauen das Brot reichen, unter ihren Tüchern hervor. Die Laibe liegen schwer in der Hand, wie kleine Körper.

IV

Aus Zugfenstern betrachtet, kommen einem die draußen Stehenden traurig vor. Wenn sie winken, in grünen Ebenen heranlaufen. Auch die Bäume, die stehen bleiben, Tag für Tag, und Berge, mit grobem Pinselstrich gemalt. Auf Reisen streicht man sich dünn über alles, das man zu verstehen versucht, legt sich weit über die Dinge, weil sie nicht in einen selbst hinein passen und bleibt vor dem Ausblick verlegen zurück. Andernorts aus einem Busfenster betrachtet: Ein Junge im Rollstuhl, er stößt sich mit zwei krummen Beinen rückwärts über einen belebten Platz. Geweint, aber nicht ausgestiegen. Wer weiß, wann der nächste Bus geht.

V

Es gibt kaum Fenster. Die wenigen, die man sieht, sind vergittert, nie blickt jemand daraus hervor. Es ist, als sprächen sich die Häuser ihr Leben in die eigenen Innereien. Sie stehen geduckt, meist einstöckig und ganz und gar Mauer. Man würde vergessen, dass die Seiten der Gassen nicht nur Wände sind, wären sie nicht hier und da von einer prachtvollen Tür durchstoßen. Dahinter vermutet: ein kühler Innenhof, auf den das Haus seine Blicke richtet, halbhoch verfließt, ein Geruch von Wasser. Dann das Dach, eine himmelgerichtete Ausstülpung des Privaten, mit Unterhemden und Leintüchern behangen. Hier sieht man in die Ferne, um nicht die umliegenden Dächer mit Blicken zu streifen. Es ist das Reich der Frauen, doch auch sie sind nur selten zu sehen. Als würde das Haus selbst vor seiner Innenwelt in den Ausblick flüchten.

VI

Fünfmal täglich erfüllt sich die Luft mit einem Rauschen. Es beginnt in der Ferne und man kann noch nicht sicher sein, was es ist. Dann erheben sich Stimmen zu allen Seiten, manche inbrünstig, manche bellend und: niemals gleichzeitig, sodass ihre Worte bald nur noch ein Geräusch sind, das in den Himmel aufsteigt, während die Menschen ihre Stirn zu Boden senken. Vielleicht steht man auf einer Brücke, sitzt bei einem Essen oder erwacht in frühen Morgenstunden bei Dunkelheit und, obwohl die Stimmen einem nichts bedeuten, bleibt in der Erinnerung jeder Moment zu einem Standbild erstarrt, bei dessen Betrachtung sich ein Wunsch leise regt. Die Stille kommt schlagartig. Einige Minuten später ein letzter Rufender. Er klingt verschlafen und betet hastig.

VII

In den Gängen des Teppichmarktes dämmert es zu jeder Tageszeit. Man tritt aus der Sonne in die staubschwere Luft, wo die Teppiche in hohen Hallen bis unter die Decke stehen. Sie verschlucken das Geräusch der Schritte auf dem steinernen Boden, jedes Gehen wird lautlos und heimlich. Eine stumme Farbenpracht hat etwas Erschreckendes an sich. Ich schaue die Märkte leer, es sprießen verschwenderisch die Gedanken im Kopf. Sie klingen lauter, wenn man den eigenen Schritt nicht hört.

VIII

Als gähnender, uralter Schlund erstreckt sich der jüdische Friedhof der Stadt. Die Gräber sind Backenzähne aus Stein, weiß verputzt und so niedrig, dass man sich die Zehen daran stößt. Sie tragen keinen Namen, die Lebenden sind ihnen gleichgültig. Nichts hier ist für jene gebaut, die aufrecht stehen, nichts dazu da ihnen zu gefallen. Man möchte heimlich über diesen Ort hinwegwehen wie ein tagscheues Tier. Stattdessen muss man zwischen den starrenden Zähnen stolpernd seinen Weg suchen. „Schau nur, auch hier werden Gräber wachsen", drängt sich eine Zeile auf. Nachts träume ich von Schakalen, die dicht über dem Boden davonhuschen.

Elena Huber

runde rücken

mit dem rücken zum fenster

es sind diese müden tage
an denen das verwaschene gelb
der letzten
rapsblüten versucht die
fehlende sonne zu
zeichnen
der beginnende herbst
nach dem frühling

ein profaner fallschirm
gebaut aus
zerknüllten plastiktüten
halbherzig gespannt für
den sprung
der nachbarskatze
von der fensterbank

und du mit dem rücken
zum fenster damit du
nicht sehen musst wie
das pflaster blüht
ein raumloser mensch
könntest du
nie
sein das flurlicht ist
wie
gewebe das dein
vermissen und dein warten
vereint
bist du die
frau geworden die
ihr herz am bildschirm wärmt

gespiegelt
im pappteller
ziehst du deinen scheitel hin
bis
eine ahnung von
formgefühl entsteht
bereit für den
verlorenen tag

am liebsten würdest du
es auf die
littfasssäule schreien
doch du sammelst
den staub von
den glatten oberflächen
der
zurechtpolierten
erinnerungen
willst dich
damit bedecken
schlafen
doch ein augenlied bleibt
offen
so wie die ewige jalousie
die nie ganz
schließt

gehäkelte gardinen liegen
in ihrer
wellenform
brach
sie könnten ebenso aus

beton
bestehen
zeigen mit der spitze nach
unten
und deuten auf
ein nichts
zwischen kakteen und
aufziehuhren

und diese straße mit ihrem
häusersaum
wirkt wie
ein bahnsteig bei nacht
eine ahnung von bewegung
in
sich
stetig
hinziehender
kaugummizeit

rund

die spitze seite deines fingernagels
vom ringfinger der linken hand
ich wünschte du würdest sie abkauen
vor meinen augen mit deinem mund
anschließend dein werk betrachten
und denken du seist und denken ich sei
gänzlich rund

ein paar gedanken zwischen suppe und kartoffeln
und in deinen augen dazu offenes schweigen
soll ich dir erzählen
dass in einem traum du aufgestanden und
gegangen bist
man könnte meinen es war genau zu dieser zeit
ein paar gedanken
ich brauche diesen ort

auf den eingemachten kirschen
fehlt das haltbarkeitsdatum
graue klöpse aus vergangenen
tagen
das beinahe zuhaus
nur zwei treppen höher
nicht so hoch dass man es
aussicht nennen würde
wenn ich das gefühl verschriftlichen müsste
wäre es etwa so
pfz pfz pfz
nur in leise
vielleicht finden sich antworten auf
bloß gedachte Fragen
hinter der Tapete

aki keres, talál.
es war nicht immer so
kannst du dir das vorstellen?

wir waren schon immer fahrende
sagst du
ein kürzerer kommentar wäre
nicht schlecht
denkst du auch dass die
musik viel zu laut und dir die
gedanken verstopft
wie kaugummi das man schnell
schlucken muss
bevor das essen
kommt

Kein Rücktritt vom Rücktritt.

Punkt aus.

Linn Penelope Micklitz

Schiefer

Die Fenster ließen sich noch öffnen in diesem Zug und ich lehnte mich hinaus. Ein Milan drehte sein Heck gegen den Wind, die Gabel des rötlichen Schwanzes hob sich ab gegen das Gelbgrau des Himmels. An den Unterseiten der Wolken sammelte sich das letzte Licht. Ich hatte gelesen, dass die Sonne, von anderen Planeten aus betrachtet, weiß erscheint. Den Mond an diesem Ort konnte man für einen Wolkenfetzen halten. Der Nebel hing über den Wäldern, drückte sich von oben in die Kronen hinein, bevor er vom Wind beiseite geschoben und zerfasert wurde. Der Milan ging tiefer, legte sich in eine letzte Böe, bevor er zwischen die Fichten glitt und verschwand. In diesen Wäldern konnte man noch unentdeckt bleiben, wenn man es darauf anlegte. In einem Koan las ich von einem Meister, der seinen Schüler auf ein paar Gänse aufmerksam machte. Wohin fliegen sie, wollte er von ihm wissen. Der Schüler überlegte kurz und sagte: Weg.
Der Meister kniff ihn in die Nase. Sie fliegen nicht weg. Denn sie sind ja noch da, nur hier nicht. Wohin also sind sie geflogen?
Das Tal hat keinen Namen und es ist so eng, dass es keinen braucht. Materia prima. Die Landschaft glich einem offenporigen Papier. Die Wege offenporig, die Schieferschindeln offenporig, die roten Backsteine darunter offenporig,

die Holzzäune offenporig, die Schafherden offenporig. Alles durchdrungen voneinander. Alles ließ sich unterscheiden in die Dinge, die zugänglich sind, berührbar, und jene, die sich nicht fassen lassen, sich verschließen, wie glasierte Oberflächen. Autos, Fahrräder und Gesichter, die sich nicht einfügten, immer aussahen, wie eben erst abgestellt in ein Experiment.

Durch die Netze, die Straßen und Gleise vor Steinschlag schützen sollten, wuchsen kleine Birken. Im letzten Sturm stürzten sie aus dem Fels und rissen Teile des Berges in die Tiefe, einen Wanderer fand man erschlagen.

Ich verließ den Zug, hatte keinen Blick für die Stadt, nur der Teich auf dem Bahnhofsplatz fiel mir auf, den sie neu in Beton gefasst hatten. Der Wind wurde im Wasser sichtbar, dessen Oberfläche für einen Moment aussah wie eine Haut, und in den Vögeln, die hinter einem Neubaublock hervor trieben wie Fische in der Strömung eines Aquariums.

Eine geteerte Straße führte Richtung Norden aus der Stadt, endete in einer bröckeligen Kante am äußersten Rand des Ackerlandes. Hier begann der Weg in den Wald, erst noch Geröll, später auf festgetretener Erde. Die Luft war zu kalt für Gerüche, das Licht legte sich wie unbewegtes Wasser um die Dinge. Die Wolken strahlten kaltes Licht, dessen Quelle nicht mehr auszumachen war. Alles, was vor mir lag, schien hell und klar umrissen, nur in der Ferne ein weißer Schleier. Die Bäume waren in Bewegung. Ich habe nie begriffen, wie der Wind in dieses Tal gekommen ist.

Auf meiner Karte hatte ich den abgelegensten Teil des Waldes eingekreist, dort, wo der Luchs am häufigsten gesichtet worden war. Ich verband die Orte, die er durchwandert hatte, mit einem Bleistift und hatte das Gefühl, ihm auf der Spur zu sein. Beweis einer Suchbewegung. Dokumentation von Schritten in eine Richtung.

Ich erreichte ein verlassenes Grundstück, der Weg ging über in sandigen Waldboden. Ich fand den Hof mit offenen Türen und leeren Ställen.

Das Scheunentor war zugewachsen, Trollblumen, dort wo früher nur Brennnesseln wuchsen. Die gelben Köpfe reichten bis zum gusseisernen Riegel und den gekreuzten Holzstreben über der verwitterten Eichenschalung. Insekten, die am Abend auf der geöffneten Blüte einschlafen, bleiben gefangen bis zum Sonnenaufgang. Wenn sie in der geschlossenen Blüte erwachen, wird das Vibrieren ihrer Flügel hörbar, die gegen die Stempel schlagen. Man erkennt diese Blüten an dem Chaos, das die Insekten in ihnen zurücklassen. Die Staubblätter zerknickt, die Pollen überall verteilt auf den Kronblättern, wie die Flocken einer Schneekugel nach heftigem Schütteln.

Der Pfad führte in den Hain. Die Bäume ragten wie eine Kulisse vor mir auf und ich trat zwischen sie, wie man hinter eine Bühne tritt. Ein leichter Anstieg, jeder Schritt weich auf dem Grund aus roten Nadeln und grauem Sand. Die Fichten strebten fort vom Stein auf dem sie standen, als wollten sie ihn verlassen. Unten schwarz, wie verkohlt von Feuer, nach oben hin ins Rote wechselnd. Trockenes fiel von den Bäumen, als streife jemand durch die Äste. Durch die Stämme sah ich den Himmel, der Hain endete nach wenigen Metern in einem horizontalen Schnitt. Ich trat noch zwei Schritte heran und sah an der Bruchstelle in die Tiefe. Wurzeln ragten aus dem Gestein in die Luft.

Im tiefsten Teil des Tals erkannte ich das Fundament eines Wohnhauses, Rohstoffe, Werkzeuge, einen rostigen Bagger, auf der Seite liegend. Kein Buschwerk, das eine Vorhut bildet oder vorbereitet auf die Bäume. Das Gras endet plötzlich, wie die Helligkeit, die gerade noch den Talgrund erreicht.

Es gibt keinen Übergang, das Gebirge besteht aus Grenzen. Wasser, Wiese, Wald. Diluvion, verlorenes Land.

Eine Ameise lief mir über die Hand. Als ich sie abschüttelte, löste sich etwas Geröll und kollerte in die Tiefe.

Ich war weit genug entfernt, trotzdem erfasste mich Schwindel und ich lehnte mich zurück. Ich schloss die Augen und erinnerte mich an die Hände meiner Großmutter – bei der Begrüßung hatte sie mich immer an den Schultern gefasst, sich zu mir hinabgebeugt, um mich zu umarmen, hatte aber ihren Griff nie gelöst dabei, was aus unserer Begrüßung eine Art des Zusammenfallens gemacht hatte. Der Druck ihrer Finger war fester geworden, wenn sie sich abstützte auf mir, um sich wieder aufzurichten.

Ich erreichte die kleine Lichtung und stieß auf die Ilm. Sie schien sich nicht festlegen zu wollen und verbreiterte sich scheinbar willkürlich in alle Richtungen. Das Gras stand hüfthoch, meine Füße sanken ein, als ich mich zum Fluss

hinab beugte. Das Wasser
war klar und schmeckte nach Me-
tall. Ich griff nach einem
dunkelgrauen Alpenkalk mit
feinen weißen Adern.
»Je mehr Gänge ein Kiesel hat,
desto öfter ist der Stein, aus dem
er stammt, gebrochen. Die
Klüfte füllen sich mit Calcit aus
dem Regenwasser und heilen.«
Ich fragte meinen Groß-
vater, was Klüfte seien, und er
sagte, es seien kleine Gräben
im Stein, die durch Verwitterung
entstehen. Er strich über die
Linien. »Natura sanat. Es sind
Narben.«
Er hatte gesagt, ich solle Respekt
haben, diese Kiesel seien
über zweihundert Millionen
Jahre alt.
Ich befühlte den Verlauf der
Kalkadern und behielt den Stein
in der Hand, als ich mich
erhob. Dann warf ich einen klei-
nen Zweig in die unsichtbare
Strömung und ging in die
Richtung aus der das Wasser kam.

Der Boden stieg an, eben und
aufgeräumt. Keine Pilze,
kein Moos, keine Farne. Rot,
wie der Grund der aeolis
quadrangle auf dem Mars. Senk-
recht ausgelotete Stämme,
je eine Schrittlänge entfernt
voneinander. Die Nadel-
blattkronen zerlegten das ein-
fallende Licht in kleinste
Strahlenpunkte. Mit ihren Schup-
pen und den dünnen, waage-
recht abstehenden Ästchen, die
sich tastend zueinander hin-
strecken, hielt ich sie lange für
Mischwesen aus Pflanze und
Insekt, die ihre Flügel zugunsten
der Wurzeln aufgegeben hatten.
Dieser Wald ist krank. Er ent-
spricht sich nicht. Der Laubwald
wurde abgetragen, Jahrhunderte
alte Buchen aus dem Boden
gerissen, von dem Punkt, an dem
die Ilm aus dem Fels springt,
bis dahin, wo sie in die Saale
mündet. Die Bergleute pflanz-
ten Fichten und verbauten
das schnell nachwachsende Holz
in den Stollen, die den Berg
noch immer durchziehen. In
meiner Vorstellung ist der Wald
ein Ort ohne Klang. Ich ging
zwischen den Bäumen und die
Stille verstärkte sich durch
das Knacken trockener Äste un-
ter meinen Schritten. Jede
Stelle erschien mir wie die vor-
angegangene, ein Fortschreiten
im Immergleichen, vollkom-
mene Ortlosigkeit, eingeteilt in
ein Raster von Fichten, in dem
ich mich als einzige Variable
bewegte, der Luchs nichts weiter
als die Unbekannte, derer
ich habhaft werden wollte. Der
Fluss glitt lautlos hinab und
trotzdem waren meine Schritte
wie die am Grund eines Meeres
oder gewaltigen Stroms. Ein
Spinnfaden, der zwischen zwei
Ästen gesponnen war, hef-
tete sich an meine Haut, als ich
vorüberging.
Salix alba ist in diesen Wäldern
wie die Erzader im tauben
Gestein. Der Wind rührte am
Wald, die äußeren Blätter
der Weide leiteten seine Berüh-
rungen ins Innere und von dort
wieder hinaus; die goldenen
Kätzchen glichen Sardellen, die
mit dicht gedrängten Leibern
Impulse zur Flucht gaben.
Meine Urgroßmutter gewann
aus dem Saft dieser Weide
ein Verhütungsmittel und ver-
sorgte damit die Frauen im
Ort. Das Geheimnis wurde an
die Töchter der Familie weiter
gegeben. Man schlägt eine
Kerbe oberhalb der Wurzeln in
die Borke, mit Gefühl, man
darf nicht das Kernholz beschä-
digen, durchtrennt nur Rinde,
Bast und Kambium, um an
den Saft des Splintholzes zu ge-
langen. Meine Großmutter
hielt nichts davon, aber als mei-
ne Mutter zum ersten Mal
unerwartet schwanger wurde,
kam sie hierher und schlug
eine tiefe Wunde in den Stamm.
Meine Mutter sah mich bei
der Geburt an und sprach: Dieses
Kind ist hundert Jahre alt.
Wir feierten meine Geburtstage
rückwärts, auf den Kuchen
stand 99, 98, 97 usw. Nur die
Kerzen auf dem Tisch ent-
sprachen meinem tatsächlichen
Alter.

das anthropozän sparkt gerade so wenig joy

SPALTEN

Anna Kira Koltermann

HÖHLEN

Viktor Dallmann

SPÜLSAUM

Jana Volkmann

und Orpheus duscht

Anna Kira Koltermann

SPALTEN

Ping Pong Pathos, wo zwei Körper
Aneinander, angenommen dazwischen eine
Linie, vielleicht so: } Du
Traust ihr nicht, und ich verbiege mich, dann sie. Am
Ende ein felgenförmiges Warum, die keimende
Nabe unserer scheuernden Speichen. Strandweh

Suche im Sandigen das Eine: Sand. In der

Augengrube geborgen, wittere ich die
Lösung auf nichtbindigen Böden. Die Syzygie
Täuscht mir Enteinzelung vor und
Erspinnt fadenscheinig den einfach un-
Naheliegenden Kittbegriff einer Zielgeraden

Signaturen ins Sediment gesetzt, den Schluff vom Kies sortiert.
Penible Akkuranz der Fokussierung. Passieren

Lassen, wenn sich Sauerstoff im Sand verläuft und
Tobt. Den Kopf auf kalten Grafit legen und nur einer Zwiebel
Eine Träne leihen. Erhöhte Strömungsgeschwindigkeit ist
Nämlich meist Notat meiner Mutwilligkeit. Ein Missverständnis

Senderaum: Sand oder Schwefel, ohne Stolz. Schau, hier meine
Position: Praktikantin in der Generalprobe der Kontinuativa. Den
Alltag mit arbiträrer Angemessenheit auf die

Testphasenschaufel laden. Schlickschlackschlaufen legen. Fangnetze spannen
Entlang dem Getös von Flugkorn. O Mnemosyne! Sagen sagen, du seist Bann-
Nahes Auge im Bandwerk einer Zeitfalte

Sandrinde ist auch nur eine
Pose des Partikulären. Ein lautes Für, ein faules
Aber und ein *pscht* **so**
Leises, unbequemes Und.

Entscheidungen zäunen, fällen, stürzen. Randsünden majestätisch zur Schau stellen. Ständige Nichtentsprechungen streben voran, die Mündigkeit einer Nabelschau neuzudenken

Spinne Inspiration zu einem elementaren
Punkt. Welch magisches Moment der Annäherung
An Fusion qua Quarzschmelzung. Friktionen werfen Schleier auf unsere gläsernen Flanken. Wie schnell verwahr-
Losen Loyalitäten? Punkt, Punkt, Komma, Strick. Fiktionen treiben
Ternäre Bruchstücke aus. Lösen sie aus der gegenwendigen Zwiefalt einer Fission.

Notorisch, irreverent stapfen wir im Haff, brechen die Nehrung übers Knie und führen Mikroben an unsere Münde

Sagenhaft salzige Tränen ineinandergefügt zum Klum-
Pen, der durch unsere Hände rinnt. Vielleicht so:
Aletheia! O dir die Darbietung eines
Lockernden Griffs. Unter
Tumber Tröpfelmethode
Erbeben unsere Kleckerburgen am Vorwurf ihrer Konstruiertheit

trotz,
trotz,
der
mops

Viktor Dallmann

HÖHLEN

HÖHLE VIER

Verdränge das, okay. Es ist Morgen, der Boden noch kalt und die Kartenränder verkleben pink wie eine im Motelzimmer vergessene Grapefruit. Spüre den Griff um die weiche Frucht und ihre amphibische Haut.
Gut, weniger Widerstand, womöglich bin ich gerade aufgewacht.
Im Nacken noch Sandkörner, die am Bund des Poloshirts scheuern. Auf den Handgelenken liegt kühl umschmeichelnder Tau.
Die Knie sehr knöchern, waren noch nie so knöchern wahrscheinlich.
Ich trete aus der kleinen Gesteinskammer, die unter einem bodenroten Vorsprung sich mir nahelegte. Zögere auf der Plattform und schaue in eine Halbwüste. Schaue hinauf in die gläsernen Wolken.
Der Sommer war mit formlosen Flussbetten und dösenden Hunden.
Die Straßen sind breit und kaum befahren, die Luft darüber rührt sich flach. Gehe über den schmalen Pfad, der entlang des roten Tonabhangs herunter führt, auf das weite Plateau.
Von unten ist der Höhleneingang ein gedrungenes Auge, die pinke Sonne leuchtet da hinein. Die kümmerlichste Platane der Welt steht am Highway, in ungefähr einem Meter Höhe ist sie scharf geknickt. Sie wächst so schnell, dass der Knick zu rotieren scheint wie ein zerfasernder Blütenkorb. Eine faulende Zentrifuge, die mit jeder Umdrehung einen nicht unwesentlichen Teil ihrer Deckung verliert. Genau wie die Straße verdorrt und einreißt, bald nur noch aus kleinen Schluchten besteht, zieht sich auch in sie ein Ornament, das ist fahl.
Ein paar Meilen folge ich dem Highway, bis aus einer hangumstellten Bucht ein silbernes Diner herausbricht.
Die dünnen Fensterscheiben hallen lang, jedes Mal wenn ein Truck vorbeifährt. Innen riecht es nach reifen Grapefruits und karamellisierten Zwiebeln.
Die Polster der cremeweißen Garnituren geben weit in sich hinein nach, sitze wie in rohem Fleisch. An der Wand neben der silbernen Eingangstür hängt ein gerahmter Zeitungsartikel über die Höhlenmalereien des Valleys. Lange, dunkle Pferdehälse, die verschlungen sind wie ein kunstvoller Fächer, dünn und fest. Gut, befühle meine knöchernen Knie, während ich einen Eistee und ein großes Omelett bestelle.
Die Löcher des Salzstreuers sind vom Wasserdampf verstopft, die Kristalle miteinander verschmolzen. Stoße meine Gabel in das dünne Blech des Deckels, versuche freizuschlagen, was sich als inneres Bergwerk mir entgegenstellt. Am Rand des Tellers, der vor mir abgestellt wird, liegt der schaumige Rest einer gelben Soße. Esse das Omelett in wenigen Bissen, bezahle mit drei großen Münzen. Schwach dröhnend zieht ein unheimlich weiser Popsong aus der Küche wie ein jüngst gezeitenloses Meer. Auf der blau beleuchteten Toilette, über den Handtüchern, hängt der gleiche Zeitungsartikel. Die Pferdehälse sind gewachsen wie Götter, jedes Augenpaar strahlt ultramarin, aber verdränge das. Auf dem Rückweg qualmt es dicht über dem Highway. Mehrere dünne Trucks ineinander geschoben, ein bedeutender Auffahrunfall, aber alles Hülsen. Alles silberne Höhlen und ein Fahrer, der sich einen kurzen Zigarillo in den trockenen Mund steckt.
Als ich den Pfad am Tonhang betrete, drückt die Sonne sich mir in den Nacken wie ein kleines Gewicht. Lege das Zeitungspapier auf den Boden der Kammer und jemand sagt, was für ein Bündel aus Zweigen, jemand sagt, was für pink durchdringende Augen und ich hocke mich in den Windzug, der unten an der Platane knackt.

HÖHLE ZEHN

Hier oben, auf dieser sehr hohen Stele, legt sich die Sonne mir geschlagen in den Nacken. In meinen Ohren pfeift es flach und unten bei den Maisfeldern liegen die länglichen Häuser wie kochende Tonadern beieinander. Wie die Dächer unbeholfen funkeln, wie sie satt ockerfarben wabern. Wenn ich mich leicht neige, den Böen noch gedrungen ausweiche, kann ich in die gepflasterten Säulengänge hinein schauen. Im Halbschatten kauern dünne Hunde, die dampfen, weil sie dösen. An den Drahtzäunen zur Straße hin, sind verwitterte Blechschilder angebracht, auf denen stilisierte Hundefamilien bellen. Erkenne ihre stumpf lauernden Augen. Neben jedem Haus hagere Weinstöcke, die so wie sie stehen, ein banales Muster ergeben. Lege jetzt das unwahrscheinlich kleine Teleskop an, das ich in meiner weiten Leinenhose gefunden habe, meine Hose wallt hier im Höhenwind. Der Sommer war mit wandernden Dünen und pochender Schläfe.

Ich hebe den Kopf von meinen nackten Armen, die überschlagen daliegen und schwitzig, okay. Sehe die Falten, die mein Kopf auf der Haut hinterlassen hat. Ich sitze an einem niedrigen Walnusstisch, dessen Beine sind geformt wie die einer Kröte, das Gelenk sehr weit geöffnet. Über mir flackert eine beschlagene Glühbirne in einem blass rosafarbenen Glasschirm, auf dem einige Trauben abgebildet sind. Deren dünne Haut trocknet und zieht sich zusammen wie es Schwämme auch tun. Würden sie sich nur bewegen, nach der Kühle suchen wie Quallen, aber jemand sagt, wohin nur weichen, wenn über jeder Woge dieselbe Folie spannt. Und wie Schwämme es nie tun würden, ergibt sich die Haut und wird durchlässig, liegt als flaumweicher Panzer auf einem alten Kern. Stelle mir vor, wie die sich windenden Larven der Fliegen und Mücken in den Trauben nisten, alle gleichzeitig sich dann aus den Trauben freischneiden mit ihren Mundwerkzeugen und in eine mittlere Höhe schwirren. Dann um die Schnauzen der Hunde kreisen, auf deren Zungen landen, die herausreichen und blass sind vor Trockenheit und dort sitzen wie in rohem Fleisch, das von unten her Kühle herausdrückt.

Der Raum ist verstellt mit dunklen Holzmöbeln und einem ausladenden, mit Emaille beschlagenen Ofen. Aus der Ecke dringt das dunkle Surren des Kühlschranks herüber. In der riesigen Lehmwand dem Herd gegenüber, sitzt ein offenes Oberlicht, von dorther schlägt trockene Wärme in den Raum, die sieht man als Dunst. Ich stehe auf und spüre wie meine Arme mir nachhängen, wie sich in sie erst das Blut schaukeln muss. Als ich am Fenster vorbeigehe, legt sich kurz etwas Sonne auf meinen Nacken, gut. Folge den Ornamenten der Tonfliesen in den nächsten Raum, dabei fühlt es sich an, als müsste ich mich gegen einen steilen Abhang stemmen.

Die Luft ist kühler hier, gleich neben der Tür steht ein alter Fernseher, dessen hellsilbernes Plastikgehäuse schwach glänzt und regelmäßig knackt. Und als es wieder knackt, sagt jemand, jeder Hund wird stumm, bevor er verhungert. Die Fensterläden sind gut verschlossen, eine Querleiste aber ist zersplittert. Durch den Spalt, den sie freigibt, kommt etwas Licht. Das schlägt gerade durch den Raum, leuchtet den wirbelnden Staub aus und sammelt sich auf einem billig gerahmten Bild an der gegenüberliegenden Lehmwand. Das Motiv ist kaum zu erkennen, dunkle Stränge höchstens, der Lichtstrahl macht es blind vor Reflektion. Gehe nicht näher an das schimmernde Bild heran. Kreuze den Raum, bleibe unberührt stehen, als der Lichtstrahl mich trifft. Im Augenwinkel sehe ich, wie das Bild die Beleuchtung sucht, die Wand langsam abscannt und dann enttäuscht feststellt, dass keine Bewegung ihr Ziel erreichen kann. Ich warte lang genug und gehe in den nächsten Raum. Hier gibt es kein Licht mehr, okay, taste die klamme Wand ab und finde einen Kippschalter, lege ihn um und nichts passiert. Vermisse den hellrosa Glasschirm, die Kapsel und jeden einzelnen ihrer Leuchtkerne, das weiß isolierte Kabel, das in die Decke eingeht wie in ein Portal. Ich merke, wie mir mein Atem als warmer Dunst das Gesicht hochsteigt, an den Nasenflügeln vorbei und mir feuchte Augen gibt. Trete weiter in den Raum, spüre keinen gefliesten Boden, erkenne keine blassen Schemen. Stoße gegen eine Platte auf Hüfthöhe, und höre, wie etwas umkippt, wie etwas zerspringt mit einem hellen Klirren, das ausdauernd durch den Raum jagt. Ich bücke mich nach den Scherben, nehme jedenfalls Scherben an, fühle aber einen kalten Stiel, dünn und fest. Den hebe ich auf und trage ihn in den vorigen

Raum. Halte ihn ins milchige
Licht vor der gebrochenen
Querleiste, erkenne die staub-
gebleichte Plastiknelke, die
sich mir tief in die Fingerwurzeln
hineinsenkt. Und das dunkle
Bild wuchert wie Efeu, schlanke
Pferdehälse fächern auf die
Wand. Beginnen pulsierend
Leuchtkerne zu stauen,
tragen jedes Knacken des Fern-
sehers auf die Leinwand,
bis sie aquamarin überläuft, aber
verdränge das. Gut, kann es
nicht verdrängen.
Lasse die falsche Nelke fallen
und reiße das Innenfenster auf.
Den Unterarm fahre ich ge-
übt hinter meinen Kopf und lasse
ihn nach vorne schnellen, treffe
neben die zerborstene
Querleiste und der Fensterladen
springt auf. Das Licht flutet
den Raum, auch die Luft kommt
druckvoll und ich stemme mich
schräg dagegen. Springe über
das Fensterbrett nach draußen,
verliere dabei mein Gleichge-
wicht, stürze lang und aufwendig
und komme auf dem Back
steinweg zu Fall.
Neben meiner aufgescheuerten
Hand liegt ein zerkauter Falter,
Schlieren um seinen Spin-
delkörper und ein Flügel zuckt
noch. Wie ich da hocke, höre
ich das Geräusch von dicklichen
Krallen, die aufgeregt über
Stein trippeln. Ich drehe mei-
nen Kopf nicht, sondern richte
mich auf, hinke den Weg
vor zur Straße und schließe das
Gartentor mit dem Schwung
beim Heraustreten. Der Wind
zieht dicht über dem Asphalt
fort und hinter mir bellt ein Hund,
erst unsicher, dann fiebrig,
okay. Ich drehe mich nicht um.

Jana Volkmann

spülsaum

sonntag am strand

am strand sprechen wir leise
wollen die wellen nicht wecken
die gezeiten setzen aus, es ist sonntag

strecken die zehen ins wasser
und stellen fest, es steht still
die gischt stockt am gestade
und im spülsaum findest Du
das haus einer seltenen schnecke

nachtbus i

im nachtbus lachen wir leise
wollen den lenker nicht wecken
der uns vor dem morgengrauen noch
gegen die hohe esche am saum der stadt fahren soll

seinen traumträgen atem
hört man bis in die letzte sitzreihe
er zuckt mit dem knie ans armaturenbrett
und unterm vierer rollt eine dose wieselburger
unruhig von platz zu platz

nachtbus ii

ich fahr mit den fingerspitzen
an der fensterdichtung lang
und halt sie für den rand der welt
(haben wir das schon gewusst
dass der aus silikon ist?)
ich habe jetzt übrigens aufgehört zu zählen
an wievielen schultern mein halbschlaf lehnt
und zeichne eine straßenkarte
auf das innere meines lids

taxidermie

ich trink ein glas honig auf Dein wohl
und hoffe dass er aushärtet in mir
aus gründen der konservierung und der taxidermie
so eine körperweltenfantasie
weißt Du
wo man mich dann schält da und dort
und auf einen sockel stellt und ausleuchtet
und leute mich betrachten mit ekel und staunen
in meiner fantasie fliegt eine biene aus meinem mund
macht eine kurze ansage zur lage der kunst
und fliegt wieder rein

fremde tassen

ich darf
Deinen tisch übernehmen
im toten winkel wo ich alle reden hör
und der kellner mich übersieht
er ist mein neuer lieblingstisch
so frisch von Dir verlassen

zum glück steht neben mir
noch Deine leere tasse
bereit zum gespräch
holt luft zu einem
ersten tapferen „also“
ich spür den windzug
auf dem unterarm
lausch den kaffeerändern
was sie raunen über Dich

jetzt kenn ich all Deine geheimnisse
und ich heb Deine tasse an die lippen
und flüstere auch eines von mir hinein
von weitem muss es so aussehen
als tränke ich aus fremden bechern
was fremde menschen in aller eile
zurückgelassen haben

ketten-karussell-gedanken

ZUHAUSE IST EINE
ABSTELLKAMMER
IM TORSO UND ICH BIN
EIN MESSI

Katharina Klein

IM LAND OHNE SCHLAF

Andra Schwarz

SIE GEBAR EINE SCHLANGE
UND FLOH AUS FURCHT
VOR IHREM VATER IN DIE
WILDNIS, WO SIE VON
WILDEN TIEREN GETÖTET
WURDE.

Evi Jägle & Ralf Petersen

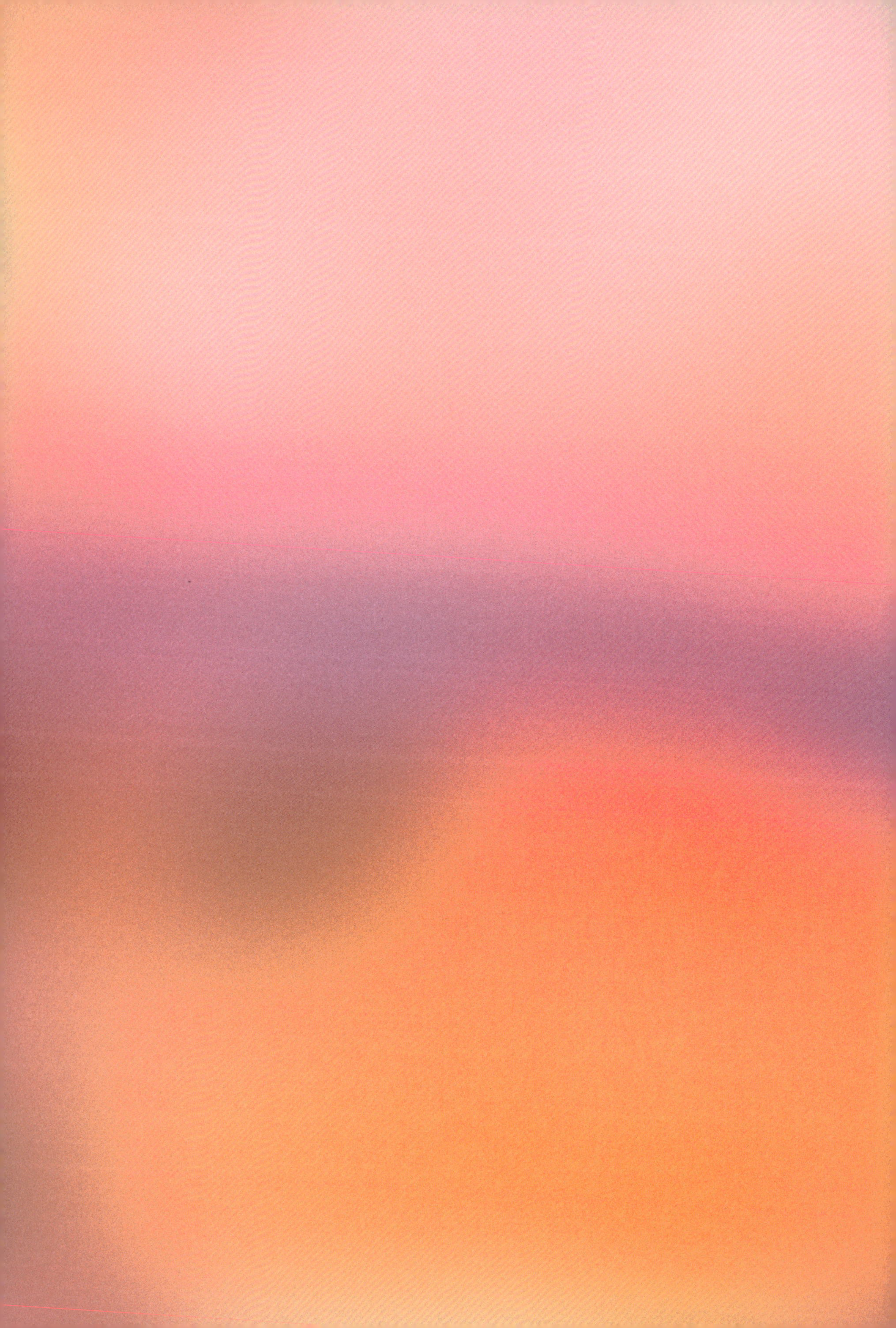

Katharina Klein

Zuhause ist eine Abstellkammer im Torso und ich bin ein Messi

Wenn ich die Rippen auseinander ziehe die
Sehnen entknote herausnehme was hineingefallen
dann sind da gebrochene Landschaften mit
Kirchturmspitzen die das Bindegewebe durch-
löchern Ein Echo in Alpenschluchten ist ein
Schluckauf durch den Körper der Atem flach ein
Klimawandel in der Brust ein ausgezehrtes
Dorf und die Hitze dörrt innwendig die Fluss-
betten trocken
Ich warte bis mein Speichel Kanister füllt und
kippe sie aus in Sturzbächen den Hals hinab
fluten sie die trockenen Teile einer Geographie
die da anfängt wo

Sie schreien sich gegenseitig einen Mund Vom
gegenüberliegenden Tischende Speisereste
zu Was sie gar nicht so meinen senkrecht durch
den anderen Gespräche wie Kondensstreifen
dabei ist der Flugverkehr niedrig und führt direkt
durch den Smog Der Vater sagt Jetzt bin ich
müde die Mutter Der Hund hat heute schon wieder
auf den Teppich das Kind das ich nicht mehr bin
Hört mir hier eigentlich jemand zu
Nur der Maler der sagt jaja und streicht weiter
Weiß über Wachstumsfugen in der Wand legt sich
Kalk über eine Kindheit darüber Pigmente
darunter Filzstift in rot blau Lila ist ein Meter

dick aufgetragen Ob sie sich anlegt wie Ohren ob
sie mit wächst bis zum Ende will ich wissen
aber er sagt nur Vorsichtig frisch gestrichen und
ich lehne mich dagegen Mein Bauchnabel ist
jetzt mein Kopf Nicht berühren ruft er wütend
und ich ziehe einen Strich überm Scheitel
Unterm Fingernagel bleibt die frische Farbe
stecken
Sie haben dem Baum die Wurzeln gebrochen
Ausgerissen liegt er da wo mal ein Garten war Wie
soll ich den einpacken frage ich und lasse den
Karton ins Gras fallen Auf den Sperrmüll tragen
an Sperrmülltagen lachen sie und ich fange
an zu weinen
Das letzte Blatt nimmt der Wind mir weg trägt es
durch ein Dorf das morgens seine Frauen auf
die Wiesen schickt sich mit Heublumen besticken
lässt und entlohnt nicht Mittags gebärt es seine
Kinder in die Kirchen Abends die Männer
vor der einzigen Kneipe Markieren ein Revier
das andernorts geschlechtlos ist Aber hier gehen
die Menschen mit Einmachgläsern auf den
Hälsen etikettiert neunzehnsechsundfünzig und
nie wieder geöffnet
Im Gesicht trägt das Dorf ein Furchengebiet die
Gräben der Zeit aufgeschüttet mit Bschütte
in der Mundart die niemand versteht sagt es Weam
körsch du eine Identität enteignend Mir selbst
sage ich und wechsle mit den Schritten die
Nachnamen Fahre mit dem dreckigen Löffel ins
Eingemachte Züchte Schimmelpilze
Je weiter man hier komme desto enger werden
die Straßen Sie zwingen einen ständig am
Friedhof vorbei oder in Sackgassen sind Herr-
gottswinkel In Rasenmähern sprechen sich
die ehrlichen Worte stumm aber das Dosentelefon
ist ein Rosenstrauch lehnt sich über die Fassade
Hört eine Mutter zu ihrem Sohn der Männer
liebt sagen Kannst du nicht wieder werden wie
früher ich kauf dir auch einen Fernseher
Was danach kommt verschwindet unterm Teppich
und ich höre nur die Zeit im Tage blättern von ge-
stern wenn das Dorf über den Todesanzeigen
einschläft die es absucht nach bekannten Gesich-
tern dabei das eigene überblättert
Ich will zurück aber um zehn ist der letzte Bus
gefahren Gehe also auf Umwegen um dieses
Seinsprothesen denn das eigene Fleisch reicht
nicht für ein Haus Es wie die Schnecken
machen und im Weiterziehen nichts verlieren
aber schon ausgezogen samt der Haut ist
zurück nur eine Einbahnstraße ich ein Geister-
fahrer und Autofahren hab ich sowieso nie gelernt
Die Sonne halbiert die Gipfelkämme zwischen
den Rippen die Schluchten darunter ein
Herzanschlag aus verstimmten Klaviertasten
die der Vater drückt ohne spielen zu können
Ein Ton ist ganz stumm im Zwerchfell der Raucher-
husten vom Mutterkuchen abgebissen und
schlecht konditioniert da wo es noch schattig ist
trotzdem ein Gipfelkreuz schlagen bevor sich die
Kraft aus den Knochen schon behäbig auf
der Treppe nach unten auf Wäscheleinen hängt
die niemand mehr abnimmt
Da stehen sie vor einem Fuchsbau eingeknickt
in Erde und warten Worauf sage ich Lass
uns Uno spielen sie und wir spielen ohne Karten
Niemand gewinnt
Der Fuchsbandwurm beißt die Muskelstränge
durch die Lymphknoten auf und etwas fällt
auseinander Die Nabelschnur über Pässe gezogen
und rissig geworden in den Fluchten der
Zeit ist das Dorf im Maßstab verkleinert ein Mut-
termal aus unscharfen Rändern das andauernd
abgekratzt an anderen Stellen weiter wächst
wo sich die Zeitzonen überschneiden trennen wir
uns Die Abstände dazwischen an Zugschienen
gemessen und von Lawinen erfasst dabei der Spät-
sommer im Unterkiefer zu lose für die Worte die
in Leitungen gelegt und nie dort abgeholt
wie die Jahre still beiseite als ich sie aufgreifen
will schon nicht mehr da sind
Sie haben aufgehört zu schreien Ihre Münder
verloren in den Mienen aus Falter der Gesichter
um Leben älter Ich sage Erzähl uns einen
Witz und er stattdessen vom Fernsehprogramm
Kenn ich schon sagt die Mutter Wenn wir
wieder jünger sind der Vater und ich warte auf die
Pointe bei der man lachen kann Greife an
ihren Sätzen sind Fahrstuhlmusik und stecken
geblieben vorbei nach einem ihrer Hörgeräte
drehe meine Ohren ganz leise Sehe den Schnee
fallen in ihren Augen und zu wie sie langsam
Landschaften werden Ihre müden Blicke bleiben
in den Wimpern hängen Will ihnen das Gras
aus den Rücken zupfen die Knospen von den Kno-
chen unter einer Haut wie Brennnesselfelder
die nur bewässert werden wollten wofür mir der
Speichel aber fehlt inzwischen Hornhaut
über Porentiefe in den Nieren nur Nichtschwim-
merbecken und suche in Binnenländern
nach Meerzugängen

Husten-saft mit Schirm-chen

Andra Schwarz

Im land ohne schlaf

*

Hinter *crna gora* **leuchtfeuer stroboskope weit weg**
von den bränden dem brennen im amselfeld der hitze
am tag unterm dach die schwerkraft hängen körper & köpfe
gefaltet, eingeschlagen in flughaut in flügeln wachsen
ohren über uns locken zikaden mit dem trommelorgan
sich behaupten **am rand dieser terrassen im vierländereck**
umgeben von karst gehen nachtaktive tiere wieder auf jagd
die frage wo du hingehörst in diesem land ohne schlaf

*

Nachts auf gepflasterten steinen dem boden nachspüren
seine textur unter weinreben noch unreifen feigen
zwischen uns kluften ich liege am rand wir nehmen lose
fäden auf umgarnen behutsam die aufgeteilten stücke
spüren das gewicht *wieviel gram wieviel blut fließt*
durch dieses tal **sind larven im unsicheren zustand**
raupen die sich einrollen wenn es spät wird verfilzen
unsere körper unsere sprachen wie niemals am tag

*

Entlang der adriaküste wieder verschanzte städte
an wehrmauern schießscharten luken & löcher
wir liegen eingehöhlt in waben vor uns die see
ausgesetzt der gier in den blicken die beute *rakija*
am morgen am abend der durst und das atmen im
halbrausch säufzt leber & lunge die haltlose strecke
in den verwinkelten gängen eine zickzackbewegung
im käfig lauern raubtiere hinter den augen

*

Über uns leuchtfelder fallende sterne wir durchfahren
routen auf dem balkan das klima submediterran
die topografie dinarisch werden zu faltern am abend
geben uns hyänengleich *barbarisch* verknoten zungen
und legen hände auf noch heißere haut schüren
kurzlebige feuer in den adern durchkreuzen landkarten
legenden indem wir uns alles versprechen
unter misteln geboren sein weltläufig ohne scham

Li
in de
Ko

be
Nase
ks

Evi Jägle & Ralf Petersen

Sie gebar eine Schlange und floh aus Furcht vor ihrem Vater in die Wildnis, wo sie von wilden Tieren getötet wurde.

Der [ÜBERGANG] betritt die synthetische Szene. Die Verständlichkeit korrumpierend trägt er lallend seinen verlagernden Monolog vor.

[ÜBERGANG]
Nur die Welt der Sprache vermag einen kamelhaarigen Pinsel neben einer Funktionsgleichung höherer Potenz zu stellen. In die materielle Welt übersetzt wäre diese Übertragung nur in einem metaphysisch-instabilen Universum überhaupt möglich, es sei denn! man bezöge kosmisch defizitäre Unschärfe mit ein, was aber bisher niemandem gelungen zu sein scheint, ansonsten würde diese reine Übergangsveränderung eine Änderung des weltlichen Zustandes mit

absehbar-unansehnlichen Folgen bewirken. Die Theorie selbst würde sich nicht nur auf den sie verarbeitenden Geist auswirken, sie verwandelt den Zustand der Bild-Bewegungs-Materie unseres Weltverständnisses unwiderruflich. Wir hätten es mit einem neuen maschinellen Theorie-Partikel-Zustand zu tun. Seine Erforschung würde von den Subjekten eine Änderungs-Grundverfassung verlangen, d.h. sie müssten die Übertragung selbst werden und nicht aufhören sie zu werden, sie müssten wachsen und schrumpfen zur gleichen Zeit…

EINE SCHLAUE PERSON mischt sich in das Getümmel.

EINE SCHLAUE PERSON
Ich nehme das Alte und mache das Neue daraus. Genauer machte ich auch aus dem Neuen das Alte. *Altehrwürdige Artefakte werden ihr zugetragen. Sie verbeugt sich.* Klasse, damit kann ich arbeiten. Ich bekomme von Allen Altes und mache für Alle Neues daraus. Damit hab und bin ich eine Funktion. Was mich freut. Übergangen zu werden ist ein schmerzhafter Prozess. Ich führe äußerst sorgfältig aus, damit so ein Übergang möglichst selten passiert. Ganz ausgeschlossen werden kann er allerdings nie. Für den Fall des unerwünschten Übergangs hab ich aber auch eine gute Lösung parat: eine Entschuldigung. Nicht aber eine Rechtfertigung, denn Fehler passieren. Wenn ich die Strategie ändere und zu einer anderen übergehe, zum Beispiel eben statt aus Altem Neues zu machen auch einmal aus Neuem Altes mache, versuche ich einen besonders abrupten Übergang stattfinden zu lassen, was mir häufig gelingt. So ist die Schädigung oder die Möglichkeit des Geschädigtwerdens geringer. Sehr wichtig ist, dass mein Konzept, möglichst schmerzfrei zu operieren, kein pazifistisches, sondern eher ein aggressiv-nihilistisches ist.
Ich will möglichst wenig ändern, gleichwohl ich ja eine ganz grundlegende Änderung vollziehe. Das zieht, wie ein Zahnarzt, oder ein Zahn, wenn er schmerzt, häufig, wenn ich das so erkläre, das zieht, das funktioniert, dass der noch nicht Übergangene dem Eifer, nicht übergangen zu werden, stattgibt und wohlwollend abwartet. Was nicht immer zieht, ist, wenn aus Altem wieder nur Altes entsteht, zu erklären, es war nicht so gewollt.
Diese Ausrede hat selten Erfolg: Versuch der Vertuschung der missglückten Übergangshandlung. Nur wer den Übergang übersteht, versteht den Schmerz, den nur erfährt, wer überhaupt damit gerechnet hat, nicht übergangen werden zu können. Der Übergang ist etwas Unmögliches. Oder etwas sehr Leichtes, er kann beides. Ein kleiner Schritt oder ein großer Sprung, ohne Übung jedenfalls häufig misslungen, und, da die Problematik!, der misslungene Übergang ist in der Regel noch schmerzhafter als der geglückte, er ist unsauberer, dreckiger, ranziger, er ist eigentlich ekelig (wie die Welt in ihrem intraaktiven Werden).

Voller Leidenschaft schlafen der [ÜBERGANG] und EINE SCHLAUE PERSON miteinander. Doch während der [ÜBERGANG] sich immer mehr über seine Gefühle für EINE SCHLAUE PERSON freut, merkt EINE SCHLAUE PERSON, dass sie am Ziel ihrer Träume nicht so glücklich ist, wie sie gedacht hätte.

Bericht eines Generalisten
Der [Übergang] soll eingeklammert werden, um seine streuende, mitreißende Kraft nicht in einem Begriff still zu stellen, sondern innerhalb der Klammern etwas passieren zu lassen, das seinen Ausdruck ändert, mit Differenzierungen und Zusammenfügungen. Der [Übergang] wird nicht verstanden als Scharnier zwischen zwei bestimmbaren Elementen, sondern er soll als solcher zur Erscheinung kommen, nicht in einer Zwischensphäre auftauchen, sondern seine entgrenzenden Qualitäten offenbaren, deshalb benötigt er andere Mechanismen, die durch neue Begriffe ausgedrückt sind, dies im Modus des Übergangs, der seine Komponenten und Angrenzungen nicht in der gleichen Sphäre behält. Das Werden des [Übergehens] auszudrücken, bedeutet einen Modus einzustellen und diesen auf seine Funktionsweise hin zu testen, ihm Momente einzugeben, die seine Struktur verändern. Also die Programmebene selbst anzusteuern. Wir lassen den [Übergang] sich verlieben und schauen, wie er mit dem Leid umgeht.

Treffen sich der [ÜBERGANG] und EINE SCHLAUE PERSON. Schleicht sich EINE SCHLAUE PERSON, die sich ihrer eigenen Gefühle nicht sicher ist, weg. Will ein Generalist sofort schlichten:

Was wir hier vor uns finden, sagt der Generalist, **sind zwei heterogene Elemente, die sich in einer bestimmbaren Position gegenüberstehen, sodass ihre Verflechtung eine neue Ebene errichtet, die ihre Gesetze aus der Zwischensphäre der vorigen bezieht und sich von ihr unterscheidet nur insofern sich diese nicht von ihr unterscheiden. Ferner,** führt der Generalist und Beziehungstheoretiker aus, **müssen nun einzelne Zeichen hinzugefügt werden, damit der Wechsel in ein anderes Gebiet der offensichtlich reell stattfindet, auch seine Ausdeutung erfährt.**

Er produziert aus seiner Manteltasche einen Zylinder und aus diesem wächst ein Bein, das aus dem Hut heraustritt und zu dem Pyrenenkörper gehört, der sich nun vor das Publikum stellt. Applaus.

PYRENE
Die falschen Versprechungen des Übergangs manifestieren sich in seinem geistigen Überhang. Wir müssen ihn einsperren, bevor etwas Schlimmes passiert – wenn ich mich recht erinnere, ist schon etwas Schlimmes passiert.

DIE ERINNERUNG bekommt eine gestaltliche, gravitürliche Anschrift, die auf einer Visitenkarte steht.

PYRENE markiert auf dem Boden eine Stelle, wo die sinnliche Mannigfaltigkeit den [ÜBERGANG] und EINE SCHLAUE PERSON ergreifen darf.

Wenn die Wirklichkeit in einem Rahmen auftritt, sagt der Generalist, **und sich so verbergend trotzdem als eingreifende Distanz und Differenz kleidet, wird die Markierung einer solchen Stelle obsolet. In der Gebundenheit an eine Thematation wird die terrestrische Vorschrift als das Begriffsumfeld einer dionysisch gefärbten Spannung bezogen, um Grenzen dort zu ziehen, wo noch nicht einmal ein Gebietsfeld errichtet war, sondern Zeichen direkt nebeneinander standen. Im Wechselverhältnis eingeschrieben, etwas zu benennen, das als Überschuss der Benennung ständig entgeht und auf der Beziehungslosigkeit der Benennung seine Konstitution findet, aufgrund der Vielfalt der Benennungsmöglichkeiten, entstehen neue Verknüpfungsweisen, die in dem bisher Gedachten so nicht vorgekommen wären.**

EINE SCHLAUE PERSON kommt zum [ÜBERGANG] zurück. Der [ÜBERGANG] ist nun froh, dass er in aller Öffentlichkeit zu seiner Beziehung zu EINER SCHLAUEN PERSON stehen kann.

PYRENE
So wie ich Sie verstehe, ist die Aufgabe nun, die Flucht zu ergreifen? Also: Phänomene ausmachen, zwischen denen sich ein Oszillieren von Ungebundenheiten und Verzweigungsachsen ausdrücken kann... als verschiedene Momente eines Ausdrucksgeschehens, wie Kategorien, die ihre Besonderheiten noch nicht kennen und so aus einem Klassifizierungsprozess austreten und eine Ausbreitung erschaffen.

Der GENERALIST überlegt, PYRENE einzufangen, weil er fürchtet, dass sie versteht. Und: Sie versteht. Doch PYRENE legt sich zwischen den [ÜBERGANG] und EINE SCHLAUE PERSON und wartet. Als es ihr zu langweilig wird, schreibt sie eine Postkarte an die Erinnerung.

Der [ÜBERGANG] zeigt an, wie die Gedanken, die mit ihm interagieren, direkt von ihm betroffen werden, von seiner Verschiebungsbewegung, sie gleichen sich seiner Ubiquitätslogik an. Ubiquität ist ein theologischer Fachbegriff, der die allumfassende Präsenz (Gottes) kennzeichnet.

[ÜBERGANG]
Wo vorher erhärierendes Nichts war, laden sich nun Gedankengebäude mit Andersheit auf, in die sich die Differenzen einschreiben lassen! Andersheit, die sich an den Rändern ansammelt, dort auf unwegsamem Gebiet, das diese benutzt, um neue Unbefestigungen und Persistenzen in Form von anreichernden Maschinerien zu konstruieren, die Unbetretbarkeiten einfordern... der früher schon lallende [ÜBERGANG] beginnt das Stottern. Dieselbe Such-find-buch-bind-Bewegung wird nachgezeichnet an ,nem anderen Träger und so die spezifische Position und Flächenwirkung von mir herausgestellt, der ich in den Ideen Einzug halte und die Sprache in ihren Möglichkeiten erschöpfe...

EINE SCHLAUE PERSON erwacht aus nicht zu tiefem Schlaf. Dann trifft sie überraschend eine Entscheidung.

EINE SCHLAUE PERSON
Ausdifferenzierungsprozesse, Umfeld, Kontext, alt, neu, faktisch, haptisch, hektisch – alles närrisch: Etwas, das sich einschreibt in Sinnzusammenhänge, Vorlesungen oder Überkörperung, ist die Grenze des begrifflich Fassbaren, wie es auch ausgedrückt wird. Es ist dann vorbei! Ich kann dann nichts mehr machen! Die Entschuldigung spar ich mir an der Stelle, die Entschuldigung ist keine Ausrede. Die Ausrede ist nur die Ausbreitung der Unfähigkeit. Die Grenze bleibt die Grenze.

EINE SCHLAUE PERSON wird aus ihrer Stelle herausgelöst.

Der Generalist erklärt die Konsequenzen dieses Sachverhalts so: **Es kommt etwas Darunterliegendes zum Vorschein, aber nur weil die Verräumlichung es so vorschreibt, die Paradoxalität besteht dabei darin, die Vorstellung fortzustellen. Sodass das Geschriebene so intensiviert wird, dass es formlos, ohne Ausdruck, der etwas zusammenzuhalten vermöchte, verbleibt. Wodurch ein neuer Begriff von „Ausdruck“ geprägt wird, der alle diese Komponenten enthält. Wenn ein Begriff in jedem Text vorkommt, gibt er sich jedesmal einer anderen Gestalt hin, die ihn von Grund auf verändert, seine Struktur, seinen Platz aber nicht ändert. Die Verweisung auf eine Idee, in der wie Dinge durch ein Programm laufen und dadurch die Veränderungen erscheinen, ist nicht in voller Gestalt in der Sprache angezeigt.**

Alle (außer Pyrene) nicken. Der [ÜBERGANG] ist gekränkt, nachdem EINE SCHLAUE PERSON mit ihm Schluss gemacht hat. Verletzt wirft er ihr vor, sich nur aus Rache so zu verhalten. Doch dann sieht er ein, dass EINE SCHLAUE PERSON sich ihre Entscheidung nicht leicht gemacht hat und sie ihn um keinen Preis als Freund verlieren möchte. PYRENE liest ihre Postkarte an die Erinnerung vor.

PYRENE
Schöne Grüße aus der Gebirgslandschaft,
wo die Einbildungskraft
die Vernunft verlässt
und Beziehungen eingeht
mit Signifikanten,
von denen sie besser die
Finger gelassen hätte.

<u>Letzter Vortrag des Generalisten</u>
Funktional-maschinelle Verkettungen erzeugen die nötige Komplexität auf gedanklicher [Übergangs-Ebene], die einen intelligiblen Mechanismus erzeugen, der dieser Art von [Übergang] ein Zeichen gibt. Er bezieht sich auf eine Art des Denkens, die nicht zusammenzieht, ihre Elemente nicht vergleichbar macht, sondern nur in einer Reihe wahrnehmbar und als serielle Form offensichtlich wird, dies kann wiederum nur auf eine bestimmte Weise in die Offensichtlichkeit übertreten. Diese Art des Denkens bestimmt also keine Kategorien und wird deshalb nicht einschließend und vergleichungsfähig, sie existiert genau in dem Bereich, der aus dem Entzug und der Zwischensphäre eine Konsistenz machen kann. Vom einen zum anderen, scheinbar bestimmt, ist die Verschiebung offensichtlicher und ausgeprägter, verteilt, verhärtet, gesponnen, kristallisiert, materialisiert, kafkaisiert, umprogrammiert und geflohen ohne Richtung. Welchen Bereich lässt eine Figur aus Sinnwidrigkeit aus? Ein Programm, das im doppelten Wiederholen eines Begriffs seine Veränderung anzeigt und erst in der Gegenüberstellung mit einem bestimmten Element seine Kontur zeichnet, Sektionen und Komponenten trennt. Am Ort des [Übergangs] wird der Eintrittspunkt in eine Ordnung sichtbar, sodass die Begriffe eine Blockierungsformation erzeugen. Eine Mauer, deren Bau plötzlich einsichtig wird, während man ihre Klötze betrachtet, wird übersetzbar in Gedankenfigurationen.

Die Übersetzung, *schmuddelt es aus der schlauen Person heraus,* **ist schmerzhaft.**

Das war zuviel! Die anderen sperren sie in eine Kammer, wo nur das Eine dem Anderen eine Differenz zufügt, sie aber alleine ist, sodass verschiedene Versionen desselben Themas bestehen, je nachdem, wie abgeleitet sie betrachtet wird, die schlaue Person.

DER GENERALIST
Die Vorstellung, dass einem etwas begegnet, dem man keinen Übergang ins Bewusstsein geben kann, zwingt uns, es auf unlogische Weise umzuwandeln und ein neues System zu etablieren. *Der Generalist sammelt den Pyrenenkörper in den Zylinder hinein ein und lässt dann den [ÜBERGANG] allein. Der [ÜBERGANG] beginnt zu tanzen, tanzt sich ganz aus und verlässt schließlich die synthetische Szene.*

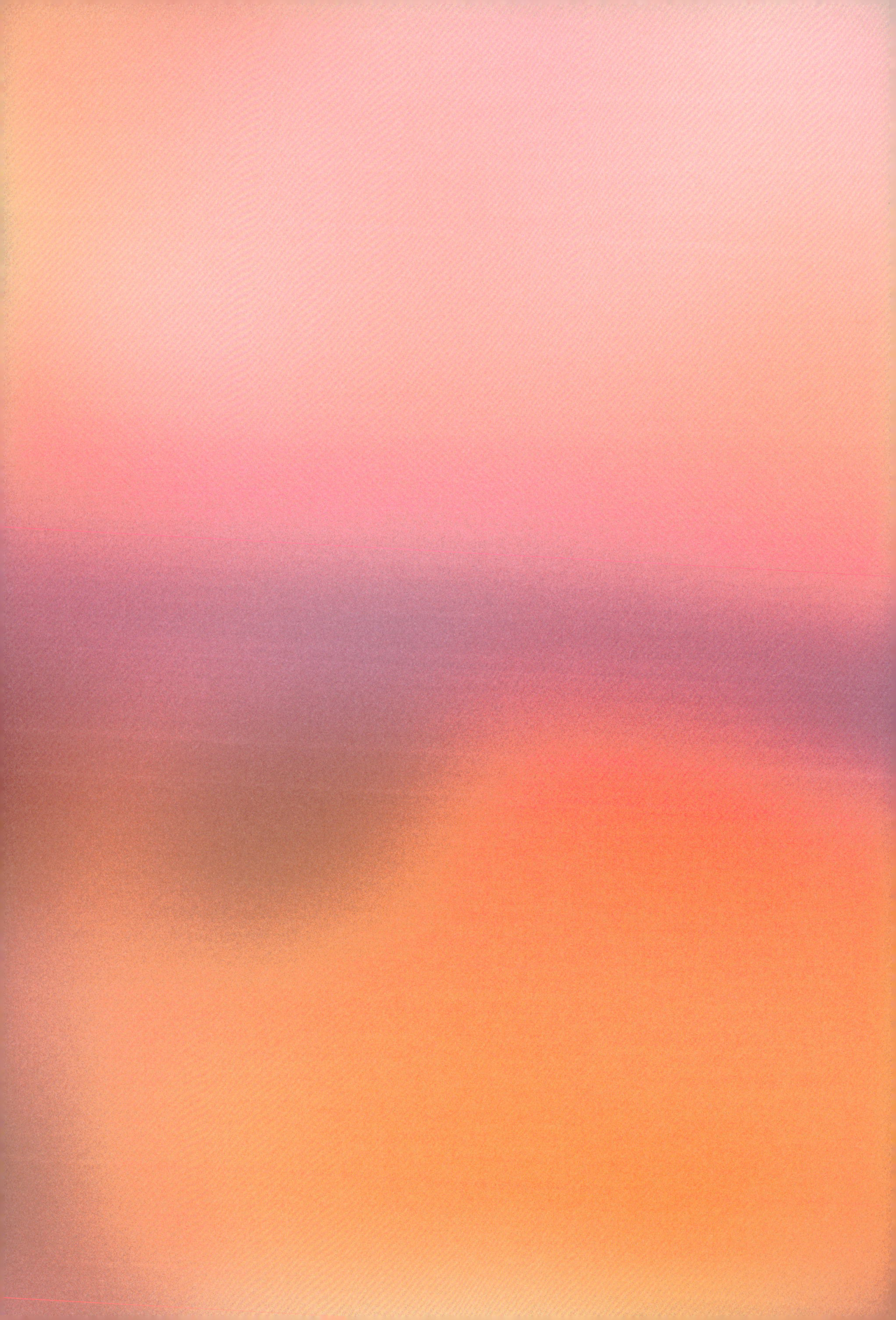

FÜNF VERSUCHE, DIE STADT AN IHREN EINZELTEILEN ZU BEZEICHNEN

Sandro Huber

DIE FLIEGE

Charlotte Gneuß

INS DANEBEN

Christoph Michels

Sommer ging früher einfacher

Sandro Huber

Fünf Versuche, die Stadt an ihren Einzelteilen zu bezeichnen

Illumination

Paginierte ich Handlandschaften, eingewachsen
noch in Vorstädten des Leuchtens. Wache auf,
wenn umschlägt die Haut an besternten Stellen.
Was hält die Stadt dem Licht entgegen?

Jetztzeitig geht die Opazität gen S. o
zu der es kein Gegenüber gibt.
Transitorische Blaupause, oder
gegen Flutstrahlung die Interfassade.
Prüfe das Transparentpapier und „gehe“
zu Beschattungsriten über;
zur Untersuchung des Opalisierens
auf den Unterschied, der es körpern macht
zu sensorischem Acryl.

Dass alles simultan überall sein kann fügt mich
kommutativ in leuchttürmende Protokolle; dagegen
scheint keine mögliche Eingabe auf.
Screenende Helle löscht die Straße.

Verdunkelungstaktik: Auf dichtem Trägermedium
den Stadtplan über die Sinne kippen
gegen den Meeresspiegel.

Nichts reicht hin in die überweißen Schluchten.
Der zu behauptende Raum liegt noch dahinter.

Beim Ausatmen des Augartens

Hitze gerät zur Einsicht. Die Verkehrsteilnehmer
liegen vor in Fossilierung, sie bezogen Position
angesichts der Endlichkeit.

So gesehen teilen sich Straßen,
~~in der Wendung eines einzelnes Blatts~~.
längs des Beobachtens durchzogen.

Im Luftzug steht das abgelegte Grün, scheint
sich zwischenzeitlich selbst zu tragen,
das verzögerte Auge zu bedauern.
Sommer, Sommer, diese Starre.

Abblicken Abreisen
in Geschwindigkeiten, die den Raum verfehlen.

Regen oder Gewöhnung wird löschen,
was an Kies nur noch zu hören ist.
In welche Fallgeräusche darüber Einspruch legen.

Dass dein Gesicht abhanden kommt.

Mogador

Rufname, noch in Gebrauch nur für die vorgelagerte Insel.
Lauter Schotter, dem nicht mehr zukommt zu schmerzen.
Das glitzernde Treibgut Staat hört jetzt auf andere Namen.

Die Verletzung nahm Gestalt an und verstädterte.
Zugänge zum Meer liegen verschüttet in Vôokalen.
Die Schiffe sind leer mit Horizont.

Ein Land ist außer Sicht geblieben.
Es grenzt an Flut, die nicht mehr kommt.

Mund, Grenzorgan

I.

Eine Tuchent der Himmel deren Reißen Licht
nur anzeigt, nicht durchlässt. Ein Brombeerschlag die Stadt.
Und Zwischenschattierung des umfangenden Auges.
Durch klangverhärtetes Gestein
ein Schiefer eingezogen in den Schlaf:

II.

An der Mitte des Sommers verfängt sich
ein Stottern. Ballen Gassen ballen Straßen
Fassaden zu Gewicht

aber die Regentropfen verringern sich
an der Mitte des Sommers bis zur Stille.

Aus meinem Zusammenhängen einzelne Betonung
durchstößt die Oberfläche. O,
Osmose ins Kolorit der Luft.

Überstürzt von der Wendung der Tag;
kühles Einwölben einer Tasse in die Hände
fängt das Nadeln ein
aus durchstochener Luft: Atem-
dehnt sich über Höhenzug

Laut Verschiebung

I.

Eine Tuchent der Himmel zerschlissen
Stadt, eingenäht als Zwischenschattierung
Pflaster zögert über die Äußerung hinaus

Durch klangverhärtetes Gestein
ein Schiefer eingezogen ins Verstehen:

II.

An der Mitte des Sommers verfängt sich
im Fugenlos ein Stottern, gegen zu Gassen
gegen zu Straßen geballe Fassaden

verringern sich die Regentropfen
an der Mitte des Sommers bis zur Stille:
pyknolektipsch mein Zusammenhang.
Weichselkerne, leichter als Fruchtfleisch
bringen sich zu Fall entgegen der Fläche

III.

nicht windfangsein, doch durchregnetwerden;
und Eindrücke schwemmen aus zu Konglomerat;
ortlos, durchaug. Kein Strömungswiderstand,
nur Phasenverschiebung des Himmels
zu Schwarz anstelle der Hände. Blasses Gelenk als Übergang
wo Cyan einmondet in Knochenverläufe,
ohne Schlussstein aufgetan, von Schulter
zu Schulter; wechselfällig.

III.

nicht windfangsein, doch durchregnetwerden;
und Eindrücke schwemmen aus zu Konglomerat;
ortlos, durchaug. Kein Strömungswiderstand,
nur Phasenverschiebung des Himmels
zu Schwarz anstelle der Hände. Blasses Gelenk als Übergang
wo Cyan einmondet in Knochenverläufe,
ohne Schlussstein aufgetan, von Schulter
zu Schulter; wechselfällig.

IV.

Wasserscheide: wo von Außen Innen, Ich
zusammenkomme und –korrodiere.
Oralität, perlenleerer Ort wo Geschwader
in Innenachten nie vollzogne Berührung tauschen
gegen Leere oder Ton

V.

literaler Küstenstrich: bezeichnet die Front

oder Binnengrenze, da Schallwellen
Oberflächen einwendend Lautkörpern innewerden:

Dieses Geräusch gibt es nicht.

An der Übersetzung von Raum zu Horizont
ich, in völliger Auflösung begriffen

IV.

Moment, wo Korrosion von Innen
von Außen Ich ergibt.
Kein Strömungswiderstand.
Der leergeperlte Mund, ins Innenohr gerissen
verkommt zur Küste

V.

Ruinen, Uferschraffur
literaler Küstenstrich: bezeichnet die Verschiebung
(unterbrochen)
von Kieseln entlang der Stille
die sich Land zur Stirn schmiegt, moduliert
den Übertritt der Sohle, wenn sie fehlgeht:

Dieses Geräusch gibt es nicht.

An der Übersetzung in Auflösung begriffen

Dann wurde das Leben, und zwar extrem beobachtbar, auf einmal geil.

Charlotte Gneuß

Die Fliege

Mit zwei Kaffee in der Hand, an dein Benotto gelehnt. Wie ein richtiger Freund. Nur dass dein Haar aus Stoppeln ist. Drüben setzen wir uns auf so etwas wie Strand, legen die Räder ins Schilf und schauen uns nicht an. Am gegenüberliegen Ufer stehen zwei Männer in Multifunktionskleidung und während einer seine Schnürsenkel bindet, trippelt der andere auf der Stelle.
Kennst du die, fragst du. Auf dem Teich schwimmt eine Entenfamilie von links nach rechts und mein Nagellack ist rot.
Nein, die kenne ich nicht.
Weil die Sonne brennt, sind die Stoppeln auf deinem Kopf durchsichtig. Deine Finger graben sich in den Sand. Aus einer Gartenlaube kommt Tekkno, aus einer anderen ein Mann mit Adiletten.
Ob ich mich entschieden habe.
Ich werde wütend, weil du meine Fragen stellst und versuche zu flitschen. Der Stein hüpft zweimal und geht dann unter. Toll, sagst du.
Als die Entenfamilie von rechts nach links schwimmt, bist du fort, mein Rad schläft allein im Schilf und neben mir aufgewühlter Sand.

Zuerst ist sie eine Frau mit dunklem, langem Haar. Dann erkenne ich eure Silhouetten, deine Schirmmütze, ihren Zopf. Du hältst sie an der Hand wie einen Hund an der Leine. Als sie stehenbleibt und sich zum Ehrentraut umdreht, wendest du den Blick. Und dann kommt sie dir näher, öffnet den Mund, streckt dir die Zunge in den Hals, frisst und schmatzt.
Erst als ein Sportwagen aus der Garage kommt, lässt sie von dir ab.
Später sehe ich zum Ehrentraut hinüber. Der Betonbau ist nackt. Die Schaufensterpuppe trägt grün. Auf der Reklametafel raucht ein Mann im Abendlicht mitten in der Wüste.
Sonst keine Spur.

Sie schaffen es wohl nicht, fragt die Sekretärin laut. Ihre Wangen sind speckig und ihre Ringe schnüren ihr die Finger ab. Die

Frau hinter mir geht einen Schritt zurück. Sie stößt dabei die Dritte in der Reihe an und sagt:
Oh, entschuldigen Sie.
Die dritte Frau hört die zweite nicht. Sie recken ihre kurzen Hälse.
Ich sage, ich will nur kurz zur Sprechstunde.
Waren Sie schon im Gesundheitszentrum, fragt die Sekretärin.
Ich will nur kurz in die Sprechstunde, sage ich.
Wie Sie wünschen. Füllen Sie bitte den Bogen aus. Wo das Wartezimmer ist, wissen Sie ja, sagt die Sekretärin und atmet viel Luft ein, damit sie lauter seufzen kann.
In dem weißen Zimmer zwischen den hellblauen, hellrosa Heften, den lachenden Muttermündern und den Kinderfüßen fühle ich mich gleich willkommen.
Die kurzen Hälse schütteln ihre Köpfe. Ich kreuze im Formular an, dass ich noch nie Brustkrebs hatte. Und keine Allergien.
Auch keine Probleme mit dem Blutzucker oder Bluthochdruck?
Nein, sage ich.
Dann sind Sie ja kerngesund, sagt die Ärztin und lächelt. Vor einer Woche hat sie gratuliert.
Jetzt zieht sie ihre Brille vom Gesicht und legt sie auf das Formular. Die Schrift wird in ihren Brillengläsern sehr groß und ihre Augen werden sehr klein. Eine Fliege fliegt zwischen Gardine und Fensterscheibe hin und her und surrt laut.
Was die Ärztin sagt, klingt ruhig, akkurat und vernünftig. Ihre Stimme fließt wie warmes Wasser.
Befreien sie doch bitte die Fliege, sage ich.

Wieder die Mailbox. Und so offiziell.
Die kleine Straße ist ganz leer.
Die Häuser sind noch schwärzer als der Himmel. Und dann hinter jedem Fenster Licht. Und hinter jedem Fenster Licht und Tisch und Mensch. Auf der Brücke geht ein Alter mit einem Stock. Tok, macht der Stock, Toktok. Von oben glänzt das schwarze Wasser wie Teer. Vom Himmel fällt ein Stern. Shootingstar, haben sie in den USA immer gesagt.
Ein Partyboot kommt näher, am Deck grölen drei Männer: Highway to Hell. Zurück auf der großen Straße sind die Tabakwarenläden grell beleuchtet und ich muss anstehen für eine Packung Chesterfield. Ein Gelockter hinter mir fragt, ob er eine rauchen dürfe. Er lädt mich zum Wein ein. Der Wein ist schwarz, weil die Flasche grün ist und schmeckt alt und fad.
Der Gelockte lallt und lacht, greift die Mitte und krallt sich vorne fest. Morgens stinkt er, knetet und sagt: Riesenmelonen. Seine Zähne sind gelb und überzogen mit Speichel. Das Kissen ist nass von seinem Schweiß. Auf der Kommode liegen große schwarze Kopfhörer und sein Schrank ist aus Stahl. Der Mund ist sauer, das Zwerchfell drückt gegen die Rippe, der Schmerz zieht die Nerven entlang und bleibt im Nacken stehen. Ich muss los, flüstere ich. Seine Hände haben viel Kraft, sind dann aber doch müde.
Im Flur treffe ich einen Spiegel.
Dort steht eine schwere Frau.
Ich male ihr die Lippen an, bevor ich die Haustür öffne. Die Sonne steht schon oben und hält die Schatten klein.

Dass ich an meiner Pünktlichkeit arbeiten solle, sagst du, als ich im Johannapark ankomme. Jetzt bist du wieder der Chef mit den Stoppeln auf dem Kopf. Wie am ersten Tag. Doch diesmal überhole ich dich grinsend mit dem Rad und du überholst mich gleich darauf mit deinem Benotto und so geht es, bis wir vor dem Gesundheitszentrum stehen. Ein besonders prachtvolles Exemplar nationalsozialistischer Architektur, sagst du schmunzelnd und ich muss lachen. Ich kümmere mich um die Räder, du um den Kaffee und schon gehen wir die Stufen hinauf. Was ich nun eigentlich will, fragst du.
Ich will das auf jeden Fall nicht in Eile besprechen, sage ich.
Du kratzt dir die Stirn, gibst mir den Kaffee und willst plötzlich ganz furchtbar ehrlich sein. Dass ich tun soll, was ich will. Dass es ja meine Entscheidung ist. Dass du es aber nicht schaffst, weil das alles nicht passt. Nicht mit mir und nicht damit. Dass ich ohnehin zu jung bin, ein Leben vor mir habe, diesdas.
Die Zunge verbrennt, weil der Kaffee so heiß ist.
Und dann müssen wir uns beeilen. Vierundachtzig Granitstufen.

Die Beraterin steht schon im Flur. Dass sie alle Brillen aufhaben müssen. Ich erst mal auf Toilette, Tür zu, durchatmen, auf den kühlen Fliesen sitzen und dann den rechten Zeigefinger immer tiefer in den Hals stecken. Heute ist der Brei hellbraun und flüssig. Sich dann ausstrecken und den ganzen Himmel sehen. Nur eine Wolke steht dort gegen das Blau wie eine Pusteblume. So ein heißer Sommer. Du klopfst gegen die Tür und fragst, ob alles in Ordnung sei. Ich sage ja, jajaja und drücke die Toilettenspülung, dreimal. Stehe auf, spüle den Mund, trinke kaltes Wasser, wasche das Gesicht, die nackten Beine und die Hände mit pfirsichfarbener Seife. Sehe, dass der Lippenstift viel zu rot ist.

Dass die Beratung objektiv und verpflichtend sei, sagt sie und öffnet eine Kladde. Dann soll ich sagen, wie es sich anfühlt. Wie

meine erste Reaktion gewesen sei.
Ob wir verliebt oder verlobt seien, Geld hätten, Berufe, Ausbildungen, Verwandte, Erbe.
Mir fallen Worte von der Zunge.
Sie landen auf dem Tisch und starren mich an.
Sie kratzt sich am Dutt und sortiert die Worte wie Karten beim Pokern. Du schaust nicht hin. Die Frau erklärt, dass das keine einfache Entscheidung sei. Vielleicht sogar die schwerste des Lebens.
Du fragst, was es denn für Möglichkeiten gäbe. Und wie teuer das wäre.
Es gäbe vierzehn Monate Elterngeld und eben Kindergeld, und, -
Aber das meinst du nicht. Sie zieht ein Bild aus der Kladde. Der Unterleib ist wie ein Bauentwurf gezeichnet. Da wäre zum einen eine Tablette, die die Wirkung des Gelbkörperhormons Progesteron hemme, sodass sich die Gebärmutterschleimhaut auflöse. Das könne Schmerzen verursachen, aber immerhin wäre das Kind dann innerhalb von vierzehn Tagen ausgeblutet und man müsse nicht operieren. Die Kosten, die dadurch entstünden, lägen bei etwa sechshundert Euro, sagt sie und tätschelt ihre Brille. Teurer wäre das Absaugen. Das wäre dann mit einer Operation unter Vollnarkose verbunden. Dabei würde der Muttermund gedehnt und ein Saugröhrchen in die Gebärmutterhöhle eingeschoben, das den Embryo und die Gebärmutter absauge. Anschließend werde mithilfe des Ultraschalls kontrolliert, ob die Gebärmutterhöhle

Wollen Sie einen Schluck Wasser, fragt die Frau.
Vielleicht beenden wir das Gespräch an dieser Stelle, sagst du.
Sie sagt, dass sie Zeit habe. Du sagst, dass wir das Gespräch an dieser Stelle besser beenden.
Ich soll mich aufrichten, etwas trinken, ein Papier unterschreiben, mich auf dich stützen, mit dir gehen.
Unten bei den Fahrrädern siehst du ganz traurig aus, nimmst mich in den Arm und sagst, dass ich ganz ruhig bleiben soll, während mir ein Wirbel durch den Rücken fällt.

Das erzähle ich niemandem, versprochen. Mutter seufzt. Auch nicht Papa oder Elena. Nicht mal Oma. Das soll keiner erfahren. Erzähl Ihnen besser nichts.
Und erzähl mir bitte auch nicht so viel, sonst denke ich nur immer dran und dann verplapper ich mich noch.
Dass es jetzt überhaupt wichtig sei, nicht so viel daran zu denken. Nicht daran zu denken, wann es geboren werden würde, laufen lernen könnte, zur Schule gehen müsste. Denk dir ja keinen Namen aus und stell dir nicht vor, welches Geschlecht es haben könnte oder wessen Augen es bekäme. Mutter schweigt. Ach, mein liebes Kind. Wann kommst du uns eigentlich mal wieder besuchen?

Marie schüttet sich Milch auf ihre Haferflocken. Die Uhr zeigt an, dass es viertelvorzehn ist.
Sie steht schon seit zwei Jahren.
Maries Oberarm ist ganz rot und dünn. Sie erzählt von ihrem Kroatientrip. Ich schmiere mir Schokolade aufs Brot, frage, ob sie auch in Montenegro war, in Mostar, ob Dubrovnik nicht total runter restauriert ist. Solche Sachen.
Während sie von weißen Marmorfliesen erzählt, denkt sie an weiße Marmorfliesen. Unten fährt eine Straßenbahn vorbei. Es vibriert aber nicht deshalb, sondern weil ich das Telefon in meine Tasche gesteckt habe. Der Termin steht, schreibst du.
Du hast da Schokolade, sagt Marie, nimmt ihren Zeigefinger und dreht runde Kreise auf ihrer Wange nahe am Mundwinkel.
Ich fahre mir mit dem Handrücken übers Gesicht, er ist braun und glitzert wie Scheiße.
Danke, sage ich und Marie zieht die Schultern nach oben, greift nach ihren Filtern, fragt, was hier so los war. Nicht viel, sage ich; Aaron zieht im September aus, Magda hat einen Job. Das ist eigentlich alles.

Ich scrolle mich durch dein Facebookprofil. Du im Giraffenkostüm bei einer Geburtstagsfeier.
Du mit hageren Typen und zwei Shotgläsern in einer Bar. Du mit Wanderrucksack in Alpenromantik. Ich schlage den Laptop zu.
Man darf zwölf Stunden davor nichts trinken und nichts essen, steht auf dem Beipackzettel.
Bei Risiken und Nebenwirkungen, versuche ich dich anzurufen. Und wieder die Stimme auf der Mailbox. Seit sich mein Kopf in deiner Achselhöhle versteckt hat und ich gefragt habe, ob wir nicht mal ins Kino gehen wollen. Oder ins Theater. Ob wir uns überhaupt mal woanders treffen wollen, als mitten in der Nacht, mitten im Körper. Seit ich nach dem Test auf der Unitoilette versucht habe, mir so lange auf die Lippen zu beißen, bis das Blut den Hals hinunterläuft, und dann doch zu ungeduldig war und viermal um den Block gefahren bin. Seit ich bei dir geklingelt habe und es dir entgegengehalten habe, das Testgerät.
Das ist ja wie im Film, hast du gesagt und den Kopf geschüttelt.
Draußen lief ein Regen die Scheiben hinunter und auf dem Tisch standen zwei Espressotassen.
Ich zähle die Lichter, die an der

Decke entlanglaufen. Zwei, drei, vier.
Als es hundertfünfundsiebzig sind, klingelt der Wecker.

Wir sind zu fünft und haben zehn Augenringe. Wir senken die Köpfe und füllen die Formulare aus. Nur das Kugelschreibergekritzel ist zu hören. Wusstest du das, fragt die Kurzhaarige neben mir.
Mit ihrem Zeigefinger fährt sie auf dem Gedruckten herum, als würde sie es unterstreichen. Dass die OP unter Vollnarkose stattfinden würde, sodass allergische Reaktionen oder Herz-Kreislauf-Komplikationen nicht ausgeschlossen wären. Dass der Muttermund und die Gebärmutter aufgeweicht werden würden, sodass das Risiko einer Frühgeburt in späteren Schwangerschaften deutlich höher sei. Dass Schleimhäute, Gebärmutter und Muttermund in seiner Tiefe verletzt werden könnten, sodass Verklebungen und Verwachsungen möglich wären, die zu einer Häufung von Fehlgeburten führen könnten.
Bevor ich antworten kann, sagt eine andere mit Augenringen, dass sie eine Krankschreibung brauche. Bei Schwangerschaftsabbrüchen gäbe es keine Krankschreibungen, erklärt die Schwester. Weil ein Schwangerschaftsabbruch ja eine freie Entscheidung sei und da müsse man sich schon Urlaub nehmen. Ob eine Schwangerschaft nicht auch eine freie Entscheidung sei, fragt die mit den Augenringen. Dass Schwangere nicht krankgeschrieben würden, sondern Elternzeit bekämen, erklärt die Schwester, sammelt die Bögen ein und zeigt uns die Zimmer. Immer zwei Frauen zusammen. Dann bitte gleich alle untenrum freimachen.
Während ich mit der Frau Ahlers aufs Zimmer gehe, höre ich die Kurzhaarige reden. Wie sie zur Schwester sagt, dass sie doch nicht kann. Dass sie das einfach nicht kann. Ob sie sich das genau überlegt hat, fragt die Schwester, als Ahlers die Tür zuknallt.

Ahlers hat kein langes Hemd, nur ihr dünnes Top. Ihr Po runzelt sich und ich leihe ihr mein Kleid und dann stehen wir vor dem Voruntersuchungszimmer und dürfen uns nicht auf die Stühle setzen, wegen der Hygiene. Was ich beruflich so mache, fragt die Ahlers. Ob mein Partner mit der Entscheidung einverstanden sei. Was für ein Beruf und welcher Partner, frage ich nicht, weil die Schwester mich ruft und findet, dass meine Venen schön dick sind.

Später ein Glas Wasser, geschäftige Blicke, Fragen nach meinem Befinden, Organisatorisches. Dass die Ahlers schon entlassen wurde und mein ihr geliehenes Kleid so blutig gewesen wäre, dass sie es erst mal zum Waschen mit nach Hause genommen habe. Ich könne es mir bei ihr abholen, die Adresse sei hinterlegt. Und versuchen Sie doch bitte mal aufzustehen.
Das geht ganz leicht. Am Innenschenkel fließt ein roter Bach zu Boden. Mit der großen Zehe male ich damit einen kleinen Fisch. Die Schwester nimmt den Eimer und den Lappen, bückt sich, wischt den Fisch weg, gibt mir eine Windel und erklärt, dass ich jetzt vierundzwanzig Stunden besser nicht alleine sein solle und ob ich auch im Flur warten könne, bis ich abgeholt sei, weil eine neue Patientin ins Zimmer müsse. Die Lüftung surrt.

Ob es gehen würde. Geht schon. Ob ich laufen könne. Läuft schon. Wir sitzen im Auto. Dein Italien schleicht sich in die Hitparade und draußen rückt eine Blumenhändlerin ihre Hortensien zurecht, als du sagst, dass nun endlich alles vorbei ist.

Christoph Michels

ins daneben

seitenstraße zum boulevard, ist eine dieser gassen,
die gehwege so schmal, dass von zwei
sich entgegenkommenden einer auf die fahr-
bahn – aber niemand ist unterwegs. und alles im
dunkel. bis auf ein schmales blau zwischen
den häusern, das dann leere und dichterkommend,
schiebt es sich – – und dagegen – und weiter – aber
die enge, die es ins verschwimmen,
irgendein fehlen, neben dem tag, ausgehöhlt
gegen sich, ihre bilder, in nervosität – – und
stehe dann:
die fassaden in ihrer höhe, in ihrem grau, zer-
dreckt im alt, zerbröckelnd, aber doch
irgendetwas – – wie eine in die andere, in allen
graus ziehen sie sich, immer höher. sind
vorsprünge, fensterumrandungen, sind bal-
kongitter, deren geschnörkel vor großen fenstern.
die meisten verschlossen, mit hölzernen fenster-
läden, die anderen dunkel, vor den verlassenen
wohnungen. kein einziges licht. darüber
die fassaden zu dächern, schieferplatten steil
zwischen schornsteinen, die als mauern
aus dem dunkelgrau, ineinandergeschachtelt, sich
endlich zu blassen tonröhren ins blau und
es dann so – – – –
und niemand aus einer der holztüren, hinter
einem der fenster – – ist es loch im tief und
stillgelegt.
mit langsamen beinen: der zerrotzte asphalt in
sprüngen, zerlaufene hundepisse, zertretene
kaugummis, kippenreste, L'AMOUR COURT LES
RUES, auf einer matratze, die neben
einem hauseingang – im wieder anderen grau.
und keine ruhe in dieser enge, dieses – –
dann rauschen, in entfernung, hinter ecken,
lauter werdend, bis der boulevard in seiner hektik:
bremsen stehen anfahren der autos, scooter,
elektroroller zwischen an ihnen vorbei, das
hupen der busse, sich zerreißend, zerreißt
es sich, dieses – ins nervöse – –
und neben einer bushaltestelle, einer mit einem
einkaufswagen, ein blech auf einem

zerrosteten eimer kohle, steht er im rauch. er wendet maroni mit den fingern, nimmt neue aus einer abgegriffenen plastiktüte, schneidet sie mit einem teppichmesser an und legt sie aufs blech. sein blick in die vorbeilaufenden, steht er da, ohne, dass jemand – – nur im vorbei, ihre gesichter, steif und starr im weiter. sich weg-drehende mädchen, in die schaufenster, in den asphalt, laufen sie, ohne einen blick. und stehen dann an der ampel versammelt: das hin und her ihrer augen, bis jemand über rot und die anderen, mit schnellen schritten, vorbei an den bettelnden, die an der straßenecke, in suff und pisse.
in einem über ihm zusammengefallenen zelt ein alter, aus dem aufgezogenen reißverschluss heraus, mit offenem mund, sein schnarchen in die sonne. als ein mädchen ihm eine tüte hinstellt und weitergeht. sein blick im aufwachen, verwirrt, in die tüte, die er dann ins zelt, die augen schließend, zurücksinken zerschwitzter haare, in die sonne.
ihm gegenüber ein jüngerer, auf dreckiger matratze, in einen schlafsack gewickelt, aufgerissene augen, eine backform in jeden vor-beilaufenden: „misjö – manjee, misjöö", versucht er einen an der hose: „MISJÖÖ" und unverständliches in den weiterlaufenden rücken. wie sie da, in ihrer pisse – –
eine frau, die sich ihren schal über die nase zieht. ein junger im anzug, der etwas in die back-form wirft.
und direkt beim eingang sind es weitere: eine kurzhaarige, abgemagert und klein über einem rätselheft sitzend. gestapelte plastiktüten ne-ben ihr, ein schlafender, schiebermütze ins gesicht gezogen. vor ihnen ein pappteller im asphalt, nur wenige münzen.
auf der anderen seite, der rücken eines schlafenden, zusammengekrümmt, mit einem radio, liegt er auf pappen, zerlöcherter schlafsack, im schatten eines regenschirms. das radiogedudel gegen den lärm der straße, dieses rollkof-fergeziehe, das sich über das kopfsteinpflaster, den gehweg, durch die eingangshalle, zu den gleisen – und umgekehrt. und wie auch er da, in diesem gestank – –
mehrere polizeibusse am straßenrand. die poli-zisten in gruppen, ihre schwarzen panzerungen, seitlich hängende maschinenpistolen, hel-me in der hand, stehen sie faselnd. als einer im rollstuhl, blass, zersoffen, mit nur noch einem bein, sich rückwärts an ihnen vorbeischiebend, fängt er an zu brüllen, sein heiseres geschrei: „TRAWAJEE, TRAWAJEE". die augen der polizisten, im unterbrochenen, ihm hinterher, bis er im durcheinander und sie sich dann wieder in ihr gestehe.
dichter werdendes gedränge, gerempel, in eine der straßen:
SEX SHOP – RESTAURANT ANTALYA – CHANGE – EUROPE MULTI SERVICES –
SHAH RESTAURANT – BOMBAY PALACE – ALI BOUCHERIE – CAFÉ BANGLA
bis auch das und nur noch dumpf, im hintergrund. vollgesprayte wände. umgefallene roller. ein zerlegtes fahrrad.
sirenen im lauter im vorbei im verhallen vorbei. und aus den straßen, aus den fassaden, dann der kanal. wie die sonne auf dem wasser, das grün vor sich hin, gegen die kaimauer, liegt's im weit, die ruhe. auf den steinen, eine kippe anzündend, die augen ins gegenüber: spiegelnder bürokomplex, im immer gleichen gleich über die betonfassade, dieses – verrecken, im dahinter, die verlassenheit, die sich ins hirn, ins hirn, bild gegen bild, ihre bilder, ineinander – aber vom warm, das sich – – und auch die anderen werden langsamer, irgendwie, ohne ziel, augen im überall.
ein jogger übers kopfsteinpflaster.
touristen mit ihren kameras.
etwas weiter eine blonde, mit angezogenen knien auf der mauer. die zerdreckten turnschuhe, ihr verwaschenes männerhemd, achtziger lila in quadriertem muster, locken unter einer dunkelgrünen cap. auf den knien ein buch.
die kappe dann in den nacken, dreht sie sich in die sonne und sitzt mit geschlossenen augen.
und auch ich, im kaleidoskop-gedrehe, die wärme – aber dann zum flackern und unruhe und dagegen, gegen die bilder, die zerzittert, ver-schwommen, schieben sie sich vor, zerzweifelnd, zerfault, ins – – als ein schatten, die augen aufreißend: ein junger auf einer krücke, mit stumpfen augen mir einen pappbecher ins gesicht: „misjöö – " – und gerede, nichts ver-stehend, bis er weiter, zu ihr, ihr kopf-schütteln, sein weiter.
sie, mit gesenktem kopf in ihren locken, das buch auf den steinen – dann ein kurzer blick zum lächeln und kurz und zurück – – reißt's meine augen ins grüne gespiegel: wie es zerfließend zum neu, ständige wiederholung, dann anders und wieder zerfließt, ohne anzuhalten, ins stechen. und sie. und ich.

und mit schnellen schritten einer, sich neben sie, ihr lachen, sein lachen, wie sie sich – – alles zerreißend, zergeht's in ihrem gefasel, ins nervöse und mich – – im daneben, bis es nicht mehr – – die kippe ins grün – muss ich – – an ihnen vorbei, und weiter, weg und weg – –
festgemachte boote im langsamen hin und her. alter, abgeblätterter lack.
eine gruppe männer, boule spielend. ihre langsamkeit, in ihrer konzentration. die augen der wartenden auf den werfer. die augen des werfers auf die kleine holzkugel. im vor und zurück, in die knie, die kugel blitzend in der sonne, dann auf eine andere knallend. das „bravoo" seiner mitspieler. die anderen, mit den händen hinterm rücken, schiefgelegte köpfe in die kugeln. bis der nächste sich hinter die abwurflinie – –
und kanal wird straße und die straßen zu cafés, eins neben dem anderen. dass es das gebogene holz, helles braun, ums schwarzweiß geflochtene, an kleinen, runden tischen, zersprungener lack, goldumrandet. mit überschlagenen beinen sitzen sie in der straße, zeitung lesend, das weiß der espresso-tassen und stumpfer nachmittag.
und die straßen dann schneller. die laufenden, die erst im letzten moment, die immer gleichen gesichter, zersehen, in ihrem vorbei, in ihrem weggedrehten, vorbei vorbei vorbei als ob ich – – – mit den augen dann im dreckigen asphalt: abgestellte kloschüssel neben zerschlagenem regal.
plastikpuppe mit verdrehten beinen.
zerschmierte hundescheiße in schuhabdrücken.
ATTAQUER OU SUBIR.
ein abgerissener taubenflügel.
der rest, zerfetzt und federn über die straße.
RÉPUBLIQUE, dann offen ins gefahre, der platz im gehupe. zwischen herumlaufenden sind es skater, die durch sie hindurch, über aufgestellte geländer, sich gegenseitig filmend, während andere in der sonne – lachende mädchen, ihre zu großen second-hand-klamotten, wie sie an ihren kippen – – und kein einziger blick.
dumpfes lautsprechergefasel – – hinter der statue ein pavillon: ein glatzköpfiger am mikrofon mit monotonem gerede in vielleicht fünfzigstehende, in gelben westen, ihre plakate:
VIVRE ENSEMBLE, C'EST MIEUX
STOP HOMOPHOBIE
SANS ETIQUETTE PAS SANS ETHIQUE
STOP RACISME
PAPS EN COLÈRE
einer mit pailletten auf seiner weste.
ein anderer mit blauweißroter perücke, geschminktes gesicht.
etwas abseits, am eingang zur metro, steht einer in zusammengebastelter schutzrüstung: plastikplatten, aufgeklebte taschen, einen mit flammen bemalten motorradhelm unterm arm, das starre seiner augen, den schweiß aus der stirn, und steht und guckt.
am straßenrand lachende polizisten. ohne, dass etwas – –
TOMBÉ – LA LIBÉRATION – GUIMET – 20 ANS.
auf weißem marmor.
in ihrem schlendern dann den boulevard entlang, hinter rücken, die nicht auseinander, das grau, im anderen grau in grau.
und welche die straße runter, vor zwei türstehern, die abtastend, in taschen guckend – –
BATACLAN – goldketten, tätowierter hals, irgendein boxkampf.
in die seitenstraße daneben, das eng, verlassen im nichts – – sind es nur vertrocknete blumen vor einem der vergitterten fenster, nelken in rosanem papier.
das rauschen der straße im hintergrund.
ein gemauerter fabrikschornstein aus dem schutt einer baustelle, ins blau.
niemand.
und das ende der gasse im tunnel, ins dunkel.
und ist dann wieder diese leere, in jedes einsam, und unruhe ins nervöse und schneller, durchs eng – – bis die steifen gesichter im durcheinander, lachen, gefasel und ich ruhiger – –
an der straßenecke zieht ein alter, gebückt, im dreckigen parka, tüten aus einem abgewrackten lieferwagen. in den tüten wühlend, um ihn tauben im asphalt, dreht er sich dann aus dem wagen, seine augen matt, in falten, mit beiden händen körner auf die straße – – flügelschlagen von allen seiten, zum rauschen, zum grau vor blau, von den dächern, hunderte tauben, auf den asphalt, ihr picken, im durcheinander, sich dann wieder, durch landende hindurch, auf die fenstersimse, regenrinnen, auf die schornsteinmauern, zwischen auf den tonröhren. und er, in diesem gefliege, neue körner, wieder und wieder – –
stehengebliebene gehen weiter, sonnenbrillen in späte sonne. steif im geradeaus schieben sie sich an einem vorbei, der da verdreckt im gehweg liegend, auf vollgekritzeltem papier, zieht er linien ins gewirr. ohne hochzugucken, im gelb. seine turnschuhe neben sich, die

abgetragenen klamotten, mit schnellen strichen vor sich hin. und lässt dann den stift, noch überm papier – und ist jung und sein grinsen: „do you have a cigarette?" – – ihm eine gebend und er im anzünden, mit fragenden augen neben sich zeigend – – auf dem papier, in seinem gekritzel, wie er den rauch durch die nase und ich – – und dass die papierrolle endlos und, dass auch seine lederjacke von strichen – „from tokyo, arrived three days ago – came here for writing, for the light –" und raucht in die sonne. das gelb jetzt, wie es sich auf die fassaden, die hoch, noch höher – und darüber die schornsteine, alles in ihre entfernung, ins klein, ist es das sitzen in der kippenasche, dem zersprungenen asphalt, vor den fassaden. und dazwischen die ruhe. und dann klar:
ins grau gestellt, an wände, hinter wände, in allen worten, zerredet, hingeredet, am tage, in der nacht vergessen, bis es sich, wände in bilder in wände, in zerhöhltes gesoffen, gefaselt, gefickt, von bildern – und mich in ihren, ihr vergessen, mich, in steifen gesichtern, zu zergeilten fratzen, schaum und dreck, zerfault, in besamung, besamt, sich besamend, hingen sie, aufeinander, ineinander, ihr dreck, an jede wand, zu schatten, durch schatten, welcher – sitze ich ich sitze hier ich sitze hier ich –

– –

das bellen eines hundes, von irgendwoher, dann leiser, dann vorbei.
und er, auf einen block, die kippe im mundwinkel, ohne abzusetzen: seine striche ins gekritzel, wird es dann zu häusern, zu gesichtern, sprechblasen, alles ineinander – bis er den stift – und mir das blatt – – und ich ihm die restlichen kippen – – als zwei geleckte, der eine auf uns zeigend, ihre bunten socken, lederblousons, ihr dämliches gelache, ist es wieder das faseln, alles zerlegend – – „just don't care" und die kippe in die straße, legt er sich, den stift wieder ansetzend, ins papier, ohne noch einmal hochzuschauen und wie er sich ins daneben –

– – – –

leerere straßen. nur wenige, in schatten.
die sonne steht dünn, bald ganz hinter den dächern, vergehender tag, und im verschwommenen verloren, jeder im eigenen grau, zu seinem gekritzel.

Ich möchte mich wirklich nicht verwirk-lichen.

GEDICHTE_

Luca Manuel Kieser

DAS WO

Pauline van Gemmern

LEGENDE

Mirjam Wittig

ich tu
baden
für
mein
Image

Luca Manuel Kieser

Gedichte_

ein aufguss

für ann-sophie

sie macht ihm einen tee. er setzt sich zu ihr. er sagt lach doch mal. sie rammt das brotmesser ins frühstücksbrett. sie steckt ihm eine banane in den mund. er versucht ihr eine banane in den mund zu stecken. sie schlägt sex vor. er überlegt ihre brüste zu malen. er erzählt von sich. sie malt ihn. er ist krank. sie bringt ihm einen tee. sie braucht eine krankschreibung. er begleitet sie zum arzt. sie wartet. er macht einen mittagsschlaf. sie bringt ihm einen tee. er mag keinen zucker. sie bittet ihn sie zu massieren. er massiert sie. er würde so gern knutschen. sie sagt na dann musst du ausgehn. er geht ins theater. sie liebt eine landschaft. er kommt spät am abend heim. sie liegt betrunken im bett und flötet halloho. er legt sich zu ihr ins bett. sie liegt in chips. sie erzählt. er trinkt tee.

Spaziergang

während die in die Hosentasche gesteckte Hand durch das Loch darin in die Unterhose gleitet kommen Jogger_innen entgegen in enge Nylon_Stoffe gezwängt mit strammen Waden Schenkeln Bäuchen schwitzenden Achseln Nasen Mündern Zungen die sich den Schweiß von der Oberlippe lecken ja lecken_die Stoffe bedecken zwar die Nabel und Nippel verstecken sie aber nicht wirklich und Haare hängen über alles was ist wirklich ist wenn Hände einen halten wirklich halten fest und wie für immer_dann fühlt man in den Fingerspitzen wie man sich in diesem wirklichsten aller wirklichen Augenblicke entzieht sich selbst weil man sich zu nahe gekommen ist entzieht ja sich genau so entzieht wie das Wort SPAZIERGANG sich entzieht sieht man es genau und lange genug an_dann sieht man kurz einen rasierten Nacken übersät mit entzündeten Pusteln und schon schlägt die Frage zu warum warum weiter machen warum nicht besser gleich aufhören aufhören bevor es zu spät ist sowohl in Gedanken als auch in der Hosentasche dem Loch in der Unterhose dem Höschen Slip gilt es loszulassen und hinauszugleiten_besser niemals mehr erfahren wie das ist wenn sich der Nylon von Haut löst wie er sich von der Haut abziehen lässt als schälte man würde entpuppen auseinander nehmen reißen auswickeln aufgehen sich reiben aufgegangen auseinandergehen allein gelassen das geöffnet sein nicht mehr aushalten sich im Bett selbst umklammern versuchen zu wiegen in eine bessere Wirklichkeit zu wiegen in eine wirklichere nie mehr aufwachen wenn man nur könnte alles halten was man ist während man sich entzieht und versucht sich selbst nahe zu kommen

ein bonbon

ein vielsplittriges

der freundschaftliche streit damit

und die körperliche tätigkeit
die über den alltag hinausgeht
den alltag unterbricht

ein bürgerliches schlafmittel
geht den knoten an
an punkte des umbruchs

hüllen
gegen das mögliche vergessen gesträubt

wie
fliege in bernstein
ins andere schleicht

sprengen

war glaube ich das stichwort
um verzichten zu können
auf theaterei

im Schein eines zunehmendes Mondes

tritt die Unmögl- das Nichtmögliche nein ein Nichtmögliches ein
mit quietschenden Stiefeln
versteckt sich das Tatsächliche (rasch husch) unter einer Decke
und schmilzt
bis man angefangen hat es dem Mond gleich zu tun im Gesicht
was sind die freien Momente im Körper und wann
hört sie endlich auf
die Hoffnung
so zu tun
als wäre sie gestern

verstaute Zeit

und sieh jener Baum vor der Wand
zeichnet eine Struktur in sie
und sieh im Duell steht er der Sonne gegenüber
und sieh gegenüber
jener im Schaufenster Stehenden sprudelt das Haar
vom Haupt ist eine Sekunde eine Sekunde die Spitze der
Wasserfontäne vor Sans Souci sieh
die Sekunde platzt
und sieh am Schatten den jener Baum an die Wand wirft
fallen die Blätter nein sprudeln die Blätter aus der Wand
sieh wie sie wehen und sieh auch der unterm Baum sprudelt
das Haar vom Haupt und sieh seine Rinde
sie schält sich
ihre Phantasie zum Frühling sie drehe sich
im Schlaf drehe sich
den Hals um auch dem Jahr
sprudelt es vom Haupt ja fällt auch den Jahren
wie lang lässt sich die Sonne verlängern
wie weit
von wo ist die Sekunde
und sind die bei Sans Souci errichteten Ruinen wie verstaute

dort
ist
jetzt
eine
Aida
Filiale

Pauline van Gemmern

das wo

• als mein vater so alt war wie ich jetzt, fuhr er taxi und hatte so viele straßen in seinem kopf, dass er eine ganze stadt denken konnte.

• ich stelle mir oft vor, wie es ist, über dem einkaufscenter zu wohnen. ich meine das große, das kastige, das so oder ähnlich in jeder stadt hier mit einwohnerzahl größer x früher oder später aus dem boden ragt.

• ich kannte mal einen ort, da gab es gleich vier davon und sie unterschieden sich in nichts wesentlichem voneinander, aber in einem dieser vier einkaufscenter gab es den einzigen laden, den ich nicht betreten durfte. dieser laden hatte erst neu eröffnet und in den ersten wochen standen so viele menschen schlange, dass die zeitung darüber berichtete. dort gab es bunten tee in plastikbechern, die so groß waren, dass man sie mit beiden händen umfassen musste. unten am boden schwammen lauter glibschige, glänzende kugeln, klein nur und mit flüssigkeit gefüllt. jedes mal, wenn ich dort vorbeiging, stellte ich mir vor, wie es sein musste, so ein kügelchen zwischen zunge und zahn zerplatzen zu lassen. ob das wohl ein geräusch machte? vielleicht eines dieser geräusche, die so schnell von innen nach außen huschen, dass man sie kaum hören kann.

• wenn sie mich das erste mal in meinem neuen zuhause besuchen kommen will, kann ich einfach sagen: über dem einkaufscenter, dem großen, dem kastigen. und sie weiß genau, wohin sie fahren muss.

• wenn ich selbst taxifahrerin wäre, würde ich mir einen mechanischen zähler beschaffen, der mir auf einem monitor in großen ziffern anzeigt, wie viele menschen schon mit mir in meinem wagen gefahren sind.

• das einkaufscenter besteht aus mehreren ebenen, die durch lange rolltreppen miteinander verbunden werden.

• mein vater mahnte mich schon als ich noch ein kind war, ich solle mir taxifahren nicht spannender vorstellen als es ist.

• das erste mal durch das center zu laufen ist, wie wenn man eine wanderung macht und sich vorher schon den ganzen weg als videoaufnahme angesehen hat. alle paar meter steht eines dieser schilder, das in präzisen abbildungen und beschriftungen zeigt, wo was zu finden ist. es gibt hier keine überraschungen, aber es kommt einem trotzdem weit vor, von punkt a nach punkt b.

• mein vater war kein kind, das vom taxifahren träumte. er hat die schule abgebrochen und dann sehr ausdauernd davon geredet, architekt werden zu wollen.

• in meiner wohnung gibt es zwei fenster und ein ganz kleines, durch das man nicht mal dann richtig schauen kann, wenn man sich auf die zehenspitzen stellt und den ganzen körper streckt. steht man vor fenster nummer eins, sieht man hinaus auf den großen platz. der platz ist hell und weit. unten sind die schirme, im sommer weit aufgespannt, im winter schmal und klapprig. sie gehören zu dem eiscafé, in dem ich jeden mittwoch haselnussmilch trinke, und sie verdecken bei sonne den ganzen bereich um die tische, den ich von hier oben nicht sehen, aber mir ausmalen kann. ab und zu laufen menschen aus dem schirmbereich heraus oder in den schirmbereich hinein, das sieht lustig aus. ein hund, von dem man nur noch hinterteil mit wedelnder rute sieht, ein kinderwagen, in dem ganz kleine füße mit söckchen liegen, sonst nichts.

• die meisten taxifahrten sind nicht spannend.

• ab und zu aber gibt es sicher diesen einen fahrgast, der einen besonderen fahrwunsch hat. der in den abgelegensten, düstersten ort der stadt gefahren werden möchte. oder bei dem man das gefühl hat, es ginge ihm gar nicht um das ziel, sondern nur um eine gelegenheit, jemandem geschichten zu erzählen.

• man hat mir als kind oft gesagt, meine vorstellungskraft hätte ich von meinem vater. er sieht das anders.

• blickt man weiter über den platz, ist da noch der große springbrunnen, in dem bei warmen temperaturen nackte kinder durch die fontänen springen und immer denke ich daran, wie sich eine meiner freundinnen als ich klein war, nackt über so eine fontäne gehockt hat als die fontäne gerade ganz flach sprudelte, und dann plötzlich schrie die freundin sehr laut und hörte nicht mehr damit auf, bis ein krankenwagen kam und sie davongefahren wurde.

• meine wohnung ist ganz klein, nur wenige quadratmeter groß. ich mag das. mein nest. im rechten winkel steht das bett. dort liege ich und lausche mit meinem ganzen körper nach unten ins center hinein.

• ich kann mir die dinge gut ausmalen. ich sehe mich gern, wie ich hier oben liege. zusammengerollt. das center ist ein riese mit verschiedenen kammern und adern. ich fühle mich wie ein stethoskop, konzentriert abtastend.

• der boden meiner wohnung ist aus laminat. es soll nach holzdielen aussehen, aber es glänzt viel zu hell in einem farbton, der nichts mit baum zu tun hat. er ist kühl unter den füßen.

• sie kommt oft zu besuch und manchmal denke ich fast, sie wohnt auch hier. die wohnung ist so klein, dass es sich so anfühlt, als wäre man hier oben zu zweit immer automatisch ganz eng beieinander. ich gewöhne mich daran, dann ist es schön.

• um den springbrunnen herum stehen bänke, auf denen sitzen mädchen und jungen, die sind zwölf, vierzehn oder sechzehneinhalb jahre alt und essen kartoffelchips.

• steht man vor fenster nummer zwei, guckt man auf eine straße mit autos und motorrädern und manche davon fahren direkt auf einen zu, nur weiter unten. das ist als würden autos direkt in die füße steuern. man weiß, da ist ein parkhaus und eine schranke unter einem, weit weit unten, aber sehen kann man es nicht.

• ich kann den ladendetektiv nicht ausstehen. er kann mich auch nicht ausstehen, denn obwohl ich fast jeden tag an ihm vorbeilaufe und er mich längst kennen müsste, starrt er mir jedes mal wieder hinterher, als stünde ich unter generalverdacht.

• in der ferne: ein kirchturm, straßenwindungen, die grünen hügel, häuserspitzen.

• ich habe bis jetzt gar nicht darüber nachgedacht, ob ich ein fernglas brauchen würde, ich nehme einfach an, meine augen funktionieren sehr gut. genau in der ecke zu wohnen, im rechten winkel, bedeutet, dass man nur seinen kopf drehen muss, um ein ganz anderes draußen zu sehen.

• wir haben oft sex da oben, ihr kopf zwischen meinen beinen und wenn sie hochsieht, erinnert sie mich an ein monchichi, sie, mit ihren kurzen haaren, die abstehen, und ihren ohren, die auch abstehen, sogar noch stärker. sie hat ganz dunkle wimpern und ich habe ihr schon so oft gesagt, wie schön ich sie finde, dass sie es nicht mehr hören mag und wenn ich stattdessen sage, dass ich es seltsam finde, mit ihr zu schlafen, während unter uns menschen schuhe kaufen und krawatten und gemüse und staubsauger und da menschen einparken, unter uns, und sich streiten und pinkeln und geld ausgeben und nervtötende musik hören und genüsslich in ein subway-sandwich beißen, dass sich da das private so nah an das öffentliche schmiegt und dass keiner da unten was ahnt, da lacht sie und sagt, so verhält sich das nun einmal mit wänden und böden und raum.

• an samstagen ist es so voll, dass ich mir einbilde, die schritte bis zu mir nach oben zu hören.

• mein taxi wäre waldgrün, nicht gelb oder beige. es hätte altmodische kurbeln, mit denen man die fenster einen spalt öffnen kann, und bequeme sitze, die sich weit nach hinten lehnen lassen.

• da ist ja nicht nur meine wohnung. in den anderen wohnungen leben wahrscheinlich vor allem alte menschen. denn es ist sehr praktisch über einem einkaufscenter zu leben, wenn man nicht mehr gut zu fuß ist. will man einkaufen, muss man nur den aufzug ins erdgeschoss nehmen. man kann sich auch gut ins café roma setzen, da kostet ein kaffee 3,20, aber man sitzt sehr praktisch in der mitte von allem und jeder, der durchs center läuft, kommt an einem vorbei.

• ich solle mir das nicht schöner vorstellen, als es ist.

• beispielsweise könnte man einen block papier und einige stifte dabei haben und der ordnung halber auch noch ein lineal und dann könnte man eine tabelle anlegen und oben in die spalten schreibt man die namen aller läden, die es in dem einkaufscenter gibt. das sind ganz schön viele, und dann setzt man sich irgendwo hin, ins café roma oder zu subway oder auf eine der bänke, die überall stehen mit dem künstlichen, leuchtend grünen farn daneben und wenn man bequem sitzt, fängt man an, für jede einkaufstüte, die einem entgegen kommt, einen strich zu zeichnen in die jeweilige spalte, je nachdem zu welchem laden die tüte gehört. das macht man am besten den ganzen tag, damit das alles auch aussagekraft hat. wenn man dabei nicht alleine sein mag, klopft man vorher bei den alten nachbarn an und bittet höflich, aber bestimmt, um begleitung und dann hockt man da zu zweit, dritt, viert, einen tag lang im einkaufstütenstrom.

• am ende des tages kann man dann einen gewinner küren. dafür schreitet man ganz kurz vor ladenschluss in den entsprechenden laden hinein, lässt musik laufen und verleiht mit feierlicher miene einen zweig plastikfarn und urkunde o.ä.

• es gibt unter den wohnungen drei etagen. die oberen zwei sind sich sehr ähnlich. die untere besteht aus vielen restaurants und imbissbuden und holzbänken. an einem der äußeren enden befindet sich ein spielplatz. dort laufen kinder auf stoppersocken herum. der spielplatz soll aussehen wie eine mondlandschaft. es gibt eine raketenrutsche und eine sternschaukel und ich denke immer, wenn ich daran vorbeilaufe, wie viel vorstellungskraft man benötigt, um mit blick auf dönerbuden zu glauben, man fliege gerade durchs weltall.

• ich muss zugeben, dass ich wenig ahnung von der architektur habe. damit meine ich, dass ich nicht darüber nachdenke, wo man hineingeht, hinausgeht und wo man in einen aufzug steigt. wo man klingelt. wo der briefkasten hängt. ob die wohnungen wirklich teil des einkaufscenters sind, also verbunden damit, organismusgleich, oder nur wie ein hut, der oben drauf gesetzt wurde. ich sage nie: ich wohne im einkaufscenter, denn das klingt, als hätte ich mein nachtlager zwischen den salatköpfen im rewe aufgeschlagen und mein wohnzimmer im butlers rechts daneben. ich sage: ich wohne darüber.

• sicher möchte ich mir darin sein, dass es eine nachtwächterin gibt. sie ist dann nicht nur für die läden und die plastikfarne zuständig, sondern eben auch für uns darüber. davon kann man gut erzählen, damit kann man gut werbung machen, auf plakaten in der stadt und in der s-bahn. das hat dann zur folge, dass noch mehr leute, die alt sind oder sich so fühlen wie ich, hier einziehen wollen und es kommt vor, dass die nachtwächterin menschen aus dem haus bitten muss, wenn sie allzu aufdringlich im flur stehen und versuchen, einen blick in unsere wohnungen zu erhaschen. meistens ist es aber ruhig, und wenn man abends im bett liegt, kann man von draußen die schritte der wächterin hören und sich sehr behütet fühlen. oder wie im gefängnis, aber ich bevorzuge ersteres. sie ist wie eine mutter, die nachts über den flur ins bad tapst und dabei richtung kinderzimmer horcht.

• was ich mich heute immer noch frage: wenn man die mit flüssigkeit gefüllten kugeln aus dem verbotenen laden durch den strohhalm auf den boden spuckt, hüpfen sie dann? und wenn ja: wie oft springen sie, bevor sie zerplatzen oder liegen bleiben?

• wenn sie spät abends nach ihrer arbeit noch bei mir vorbeischaut, das tut sie oft, begegnet sie manchmal der nachtwächterin, die sich jedes mal erschrickt, weil sie gar nicht damit rechnet, jemanden zu treffen. irgendwann kennen die beiden sich schon, und die nachtwächterin lacht ganz laut, weil sie nicht zeigen will, dass sie trotzdem noch panisch zuckt.

• angenommen, die wohnung ist über einen aufzug mit allem verbunden, was unter ihr geschieht, kann ich café roma konkurrenz machen. dafür muss ich nur einen sticker auf den knopf der obersten aufzugetage kleben, das ist nämlich meine, und mir einen guten cafénamen überlegen. ich könnte sogar zusätzlichen eintritt verlangen, weil man von meinen fenstern aus einen fabelhaften ausblick über die weiten des fontänenplatzes, große straßen und skyline hat, aber ich beute meine kundschaft nicht aus. ich versorge sie mit kuchen und kaffee und exotischeren dingen, wie dem aktuellsten ergebnis des einkaufstütenawards.

• die einzige person in meinem umfeld, die einmal über einem einkaufscenter gelebt hat, ist mein vater, und der fand es nicht besonders spannend. immer, wenn ich ihn nach dieser zeit frage, schüttelt er den kopf und meint, ich solle mir nicht ständig alles spannender vorstellen, als es ist.

• was geschieht dort nachts? leuchten die farne im dunkeln?

• am besten gefällt mir der gedanke, dass ich mich dort gar nicht mehr fortbewegen müsste. ich kann mich dort einrichten. überleben. ich erzähle ihr, wie spannend ich das finde, sich so eine zentrierte miniaturwelt zu erschaffen und sie meint nur, das machen menschen doch ständig und immer, halt an aufregenderen orten als hier.

Mirjam Wittig

Legende

Großvater, der hatte keine saubere Wäsche mehr. Der sah nicht, wie die kleine Familie sich drängte, wie der Vater vor ihm saß, der sein Sohn war, seine Linke, die nichtgelähmte, hielt, wie der ihm zuflüsterte, mit übergehenden Augen. Großvater, der dämmerte, der sah immer höchstens erstaunt aus, der war auf Großmutters Beerdigung im Herbst das letzte Mal eine Stunde lang wach gewesen, ernst. Der sah auch nicht, wie die Enkel am Bett standen, Kinder nannte man die, obwohl sie längst erwachsen waren, wie die sich in die Position des Vaters beugten, weil man da sein Sichtfeld vermutete, der sah nicht wie die unbeholfenen, unwohlen Enkelkinder ihn angurrten, hallo, ja, du bist müde, verstehe ich, bin auch müde, heute wird es auch gar nicht hell.

Großvater, der hatte sich nichts zuschulden kommen lassen, der war immer da, wenn die Familientürme, das heißt die Großmutter, eingestürzt war, der hatte für Lohn und Brot und das Nötige gesorgt und sogar noch über Haarschöpfe gestrichen, wenn die Kinder, vor allem der Vater, vor Abscheu über die Großmutter abends weinten – der hatte die Flaschen entsorgt und im richtigen, entscheidenden Moment gedroht, sie zu verlassen. Sie damit endlich zur Trocknung gezwungen, wie ein Moor, das eine Wiese werden soll. Großvater, der jetzt vor ihnen lag, der Körper auf dem Bett schief und nach jeder Mahlzeit eingefallener, der hatte schon vieles verpasst, bei dem er noch dabei war, sogar noch bei einem Bewusstsein, das der Rede wert gewesen wäre, der hatte das Internet verpasst, das hatte es schon seit Jahren überall, aber nie in seiner Wohnung gegeben, das war zusammen mit einer ganzen Reihe beunruhigender Phänomene gewissermaßen nach seiner Zeit, wenn auch vor seinem Tod aufgekommen. Vielleicht würde der sie alle überleben wie er die Großmutter überlebt hatte, man konnte es nicht wissen. Bei derem plötzlichem Tod waren sie schließlich alle sehr erstaunt und allein gelassen mit einem Bündel widersprüchlicher Gefühle zurückgeblieben – hatten sie innerlich Tod gegen Tod abgewogen, ob es nun besser so herum wäre und man erleichtert sein dürfe, ob man eigentlich trauern könne um die Frau oder eine gewisse Kühle ihr gegenüber oder ob man es eigentlich ihm gewünscht.

Großvater, der war bei Ausbruch des Krieges erst sieben, der hatte selbst eine Fluchtgeschichte, der konnte kein Täter gewesen sein. Der hatte in einem engen Holzwaggon gesteckt, für Tiere, der selbst. Dessen Familie hatte vorher eine Ziege im Garten und eine Gans. Die waren selbst Betroffene gewesen, diese Verwandten. Man hatte dort, in der Geburtsstadt, im Winter nur selten einmal Ski fahren können, aber wenn, dann war der Großvater, zuletzt vierzehnjährig, meisterhaft gefahren. Großvater, der wäre, wenn nicht geflohen, dort in die Industrie gegangen, denn die Stadt war für die Herstellung von Taschentüchern berühmt und seit Ende des Krieges trägt sie einen Namen mit einem Akzent, den es im Deutschen nicht gibt. Auch die Stadt ist eine Betroffene, wohl immer wieder gewesen. Leidet die Stadt, wenn ihr Name geändert wird? Unter welcher Veränderung leidet sie? Die Enkelin war einmal mit ihrem Freund/Vater des Babys in die ferne Stadt gefahren und hatte dem kleinen Backsteingebäude am Bahnhof einen Moment abtrotzen wollen, so ein persönliches Gefühl, eine Erklärung für Identitätsfragen, die sie sich nie gestellt hatte. Dieses Backsteingebäude hatte auch vor dem Krieg gestanden und hing daher mit dem Großvater zusammen. Dass der Großvater einmal *hier vor diesem Bahnhof* gestanden hatte, wie sie, hatte Bedeutung (in Bezug auf den Bahnhof ihrer Heimatstadt war dieselbe Feststellung banal).

Großvater, der Vertriebene, der nie jemandem einen Vorwurf dafür gemacht hatte, ging schließlich nicht in die Industrie, sondern in einer vollen Ecke von Deutschland unter die Erde in Schächte hinein und klopfte Kohle, der hatte einen strammen jungen Burschen abgegeben auf einem Foto, einen Baumstamm sägt er darauf und in die Sonne grinst er, schlitzohrig, prahlerisch. Das Foto, natürlich über Tage aufgenommen, muss von jungen Damen und vielleicht Herren sehr bewundert worden sein, vielleicht hing er einmal an eine Wand geheftet, dieser nackte, ganz pralle Großvateroberkörper: Auch der, Großvater, war einmal in einem Alter, in dem alles wallt und Bewunderung eine Bezahlung ist, von der man eine Weile zu leben bereit ist. Wohl selbst die Großmutter muss jung, aufrecht gewesen sein, vielleicht schön, schwer vorstellbar, die Großmutter. Die hatte ihre eigene Geschichte, aber die hätte sie selbst erzählen müssen, die Frau, und dafür war sie vor dem Sterben immer zu müde, zu viel zu tun zwischen Esstisch und Anrichte, dafür lag auch die Scham zu schwer und der Großvater zu gut in der Kurve, diese Geschichte, seine, behagte letztlich der ganzen Tischgesellschaft besser, die erzählte man sich gern, erzählte man gern für ihn, den im Sessel zurückgelehnten, der sein Werk getan hat.

Großvater, der hatte selbst nicht ein einziges Buch fertig gelesen in seinem Leben, aber was hatte der geleistet für sie alle, den Garten bestellt und das tiefe Moor, das die Großmutter war, trockengelegt. Der hatte als Lagermeister gearbeitet, also bei der Post, nichts anderes, Postlagerstation, der war wie gesagt kein Schuldiger, sondern auf eine Art betroffen, der Großvater, der hatte über dreißig Jahre solide die Umladung geregelt, darauf geachtet, dass der HilDebrandt nicht auf Arbeit trank, dass die Menschen ihre Liebesbriefe und Kleidersendungen, ihre Einschreiben, ihre Einrichtungskataloge oder Kondolenzkarten bekamen. Der hatte nie zu rauchen angefangen, der nicht, den Reiz solcher Laster hatte ihm die Großmutter gründlich verdorben, der war der große

Aufräumer: Flaschen, Fluppenstummel, unzustellbare Sendungen, alle diese Reste anderer, unzulänglicher Leute räumte der Großvater weg, dreißig Jahre. Und abends zuhause noch über Schöpfe gestrichen, wenn jemand weinte und manchmal auch gratis. Der hatte kein einziges Buch gelesen, auch keine Zeitung, und die Enkel hatten es deshalb nicht leicht im Gespräch: Worüber reden mit einem entfernten Menschen, wenn das Mediale ausscheidet, das diskutierbare Wort, wenn das Wort für einen überhaupt uninteressant ist und einer das Internet nie betreten hat. Großvater, der hatte lieber die Hecke der Nachbarn geschnitten. Der war eher als Instanz für die Enkel wichtig, die ihn jetzt kaum anrühren wollten, wie er dort lag (ob seine Haut langsam kalt wurde?), dessen Stimme hatte immer dieses Gewicht gehabt, der hatte mit der Hand über den Tisch gewischt, als der Enkel im Ausland studieren wollte. Amerika, hm, was willst du denn da, die haben keine Industrie.

Großvater, der hatte ihnen alles gegeben, sogar noch einen Anlass zum Wiedersehen, die Tanten, die Geschwister, die Cousinen, alle am Bettrand drapiert, die Pflichtstunden geleistet, alle unwohl und niemand ehrlich. Der hatte sogar noch Witze gemacht, der Großvater, solang er konnte: Da war die Großmutter einmal neben ihm und gurrte, Wir packen den Wagen und laufen zusammen weg, nur du und ich, und die Enkel im Raum ganz gerührt und der Großvater, schief im Stuhl aus schiefem Mund artikulierte, ach du Schreck, und das tat der Großmutter vielleicht nicht mehr weh. Jetzt gab er ihnen nichts mehr, kein verständliches Wort. Jetzt fragten sich die Enkel, ob er das noch war, Großvater, ob es ihn noch gab dort tief im Großvaterkörper versenkt. Euren Opa, wie er mal war, gibt es nicht mehr, sagte ihnen jetzt vor jedem Besuch der Vater an der Pflegeheimtür. Großvater, der würde nie das Baby der Enkelin erkennen, den Schopf nicht streicheln. Der würde nie Großmutters Grab pflegen und wer würde es dann tun. Ungepflegt würde sie dort liegen müssen, unbeweint, der Großvater weinte nicht mehr, er gab ihnen keine Träne, wie er dort lag und im Schlaf die Hand, die nichtgelähmte, über die Augen legte.

Großvater, der davon selbst nichts verstand, der hatte seinen Kindern den Gang durch die Sedimente der Gesellschaft, das heißt verschiedene Milieus, das heißt er hat ihnen den Aufstieg ermöglicht, einen Grundstein für die Zukunft des Landes gelegt. Sein Lebenswerk: Die Kinder wie Luftballons loslassen, sie würden schon vorbereitet sein auf die Schrecken der nächsten Jahre, oder nicht, dieser Flug nach oben hatte auch den Vater an eine Uni geführt, den gefühlvollsten Sohn. Der ist jetzt eine Führungskraft und sitzt wöchentlich am Bett und weiß nicht, wie die Schnabeltasse an einen pflegebedürftigen Mund zu halten sei, damit die Flüssigkeit nicht sofort wieder durch die Lippen über das Kinn in die Bettdecke. Der Vater, der jetzt jubiliert, wenn der Großvater die Kuchengabel noch erstaunlich geschickt über den Teller wischt, Krümel aufpickt, diese Feinmotorik mit der Linken, jubelt der Vater, das kann er, und nur die Götter halten ihn ab *wie'n Großer* zu ergänzen.

Mein Mikrobiom distanziert sich von dieser Art Plüsch.

RHAPSODIE, DIE

Isabella Feimer

NIEMALS NIE

Cornelia Hülmbauer

Isabella Feimer

RHAPSODIE, die

oder: Teile von gespiegelter Unendlichkeit

zweckgebunden sein, dabei eingeschnürt in Mittelmaß, dabei mittellos. Das Selbst steht im Zentrum dessen, was da heißt Universum aka Illusion. Ich tauche ein, tauche zuerst in den Kosmos ab, Sternnebel Anti-Materie, fremdes Nicht-Ding, das ich nicht greifen kann, mein Gegenbild. Dann in den Spiegel, den ich wie Scheuklappen vor mir her trage. Armlang entfernt ist er vom Gesicht, Silberselfiestick, in einen Rahmen eingelassen, der da heißt Welt aka Erfahrung, meine, über Jahre angesammelt, nein, Minuten waren es. Informationsrausch dringt in mich, und das ständig. Ich habe aufgegeben, mich dagegen zu wehren. Erfahrung, die, tut manchmal das ihre und tut weh, aus der Vergangenheit heraus, trübt das hübsche Bild, das ich mir im Spiegel zurecht rücke, mal links das Kinn hinauf, mal rechts das Haar über die Schulter geworfen wie Vorsätze aka Gedanken, nein, den Gedankentanz –

um einen toten Schwan herum. Die Ballerina ist gleich mein Seelenfeuertanz um einen toten Schwan herum, schon halb zerfressen ist das Federvieh, und sie tanzt rückwärts, macht es sich schwer, wo es doch auch leichter ginge. Lebloses macht sie an. Ihr Tanz ist Trauer ist Trauerarbeit, die sie auf die lange Bank geschoben hat. Die lange Bank steht vor einer Hütte.

Die Hütte steht mitten in einem Wald. Der Wald ist dem Borkenkäfer eine Wahlheimat.
Nein, Wahlheimat sucht man sich nicht immer aus.
Trauerarbeit, die, Borkenkäfer, der, Wald steht kurz vor seiner Rodung.
Mein Amazonas der Gefühle treibt mich schnell voran und –

Balance halten. Ein Windstoß bringt alles durcheinander, was ich mir fein säuberlich zurechtgerückt habe, all die kleinen Lebensdinge, die bei genauerer Betrachtung riesige Schmutzflecken sind; Soziallebensaktivitäten, die, unter die Lupe genommen. Die einzige Lupe, die ich besitze, gehörte meinem Großvater.
Mit ihr vergrößerte er die Miniaturwelten, die auf den Briefmarken zu finden waren.
Ganze Wochenenden verbrachte er damit, ausgerüstet mit einer Pinzette und dünnen Stoffhandschuhen, in Leder gebundene Alben mit Briefmarken zu füllen, sie zu arrangieren, sie umzuarrangieren. Philatelie, die, etwas, um das ich ihn immer beneidete.
Sein Lebenswerk –

zu mir. Die Schmutzflecken tanzen auf dem Kleid der Schwanenprinzessin. Das sind wohl auch Erfahrungen, die man besser nicht gemacht hätte, die ich wohl besser nicht gemacht hätte. Lose Verknüpftes macht mich zu der, die ich jetzt bin, eine, nein, keine Luftschlossbauerin, eine, nein, keine, die in Träumen tanzt. Mit dem Tanzen als gesellschaftlichen Akt habe ich vor Jahren aufgehört, habe einfach aufgehört, mich zu bewegen. Das ging schnell, so schnell wie ein Blitz, wenn er vom Himmel in die Erde fährt.
Ich tanze nur noch um mich herum, drehe mich, drehe mich, drehe mich ohne Richtungswechsel, ohne Wechselschritt. Schrittfolge, die, die einfachste. Ich gebe zu, ich bin um mich gestrickt, ich gebe zu, ich bin –

ausgeklammert. In meiner Spiegelfläche hat recht wenig Platz. Zu nahe bin ich mir, als dass da noch ein Leerraum übrig bliebe, zu voll bin ich, zu trunken von Selbstliebe süß. Nein, denke ich in klaren Momenten, Liebe ist es nicht, die mich mit mir verbindet, ist wohl eher eine Art Befriedigung, etwas Übersattes. Befriedigung, die, empfinde ich, wenn ich hinfalle und nicht gleich wieder aufstehen kann, wenn ich an Butterblumen denke, an das Wort selbst vor allem, wenn ich mir vorstelle, ich hielte einen Strauß Butterblumen in der Hand, der so groß ist, dass er mein Gesicht verdeckt. Verdecktes, denke ich, Verstecktes, denke ich, und dann muss ich an Butterblumenblütenblätter denken, die ich schwungvoll auf ein Kissen streue, ein weißes Kissen frisch mit –

Überzug an Haut. Haut ist gleich Erinnerung. Abgesehen von den Stunden mit meinem Großvater möchte ich mich an sehr wenig aus meiner Vergangenheit erinnern. Vielleicht noch ans Graszupfen oder das Sonnenstrahlenzählen. Sonnenstrahlen, die unter einer Bettdeckenwolke hervorstachen. Bettdecke, die, war immer bis unter die Nase gezogen. Ich hatte es gerne warm. Manchmal scheint die Sonne aus meinem Silberspiegel, das grelle Licht schmeichelt mir, zeichnet weich, was über die Jahre hart geworden ist, und trocken, und künstlich. Ich, in meiner Künstlichkeit, die ich brauche, ernähre mich von Verpackungen aus Plastik. Den Inhalt aka das Organische schmeiße ich unverkostet weg, dann wenn –

zweckentfremdet. So wie ein Gedicht, das keiner hören will, weil es Wahrheit transportiert, so wie ein Gesang, der rein ist, so rein, dass er in der Seele schmerzt. Schmerz, der, ist nicht mehr Teil meiner Gegenwart, ist eine Worthülse, die ich rückwärts aufsagen kann, und das, ohne zu stottern.
Meine Schritte stottern manchmal. Mein ganzer Körper stockt. Kein Atemfluss. Kein Herzklopfen. Momente wie diese mag ich sehr. Mag es auch, wenn mich unerwartet ein Schauder packt. Schauder ist gleich ein Gespenst ist gleich alles, was ich in das bisschen Welt, das mir zur Verfügung steht, hinein projiziere. Projektion muss groß sein, bildschirmfüllend, muss hinter Augen gehen, muss –

bis ein Stern fällt und zerbricht. Wie Porzellan, das ich auf Böden und gegen Wände werfe, gegen mich gerichtet ist meine aus mir schreiende Wut, nein, Kraft. Nein, das. Das, das. Verstümmelung. Eine fette Narbe aka mein Schönheitsmal, nicht immer sichtbar. Aber wenn es sichtbar ist, dann gleich hellgrell. Verschreckt, und auch ich erschrecke, weil –

Heuschreck, ich, mit Hamsterbacken. Ich habe aufgehört, meinen Gedanken zu folgen. Ich habe mit allem aufgehört, das Mühe macht, und

das so gar nicht in ein Selbst passt, das sich
lediglich nach Außen dreht und wendet,
Wendepunkt, da hört die eine Sache auf und die
andere kann beginnen. Aka Hüpfen bis zum
Morgengrauen, von Ast zu Ast, von Blatt zu Blatt,
durch die Dunkelheit, die mit Gewissheit
schwindet.
Mir schwindelt schon, nein, speiübel ist mir. Es
will alles raus aus mir, was keinen Platz im
Spiegel hat. Der Arm tut auch schon weh, vom
Halten, vom Von-mir-weg-halten, oder –

um einen toten Borkenkäfer trauern. Um einen
toten Wald. Um eine verlassene Hütte. Um
einen morschen Ast. Ich knarre und knacke. Wenn
Wind aufkommt, dann breche ich entzwei.
Wenn Musik ertönt, dann weine ich, nein, fange
mit dem Tanzen wieder an. Tanzen, das, ist
und war und wird nicht, nicht ich bin die, die aus
dem Spiegel lacht. Ich bin viele, kann mehr
als viele sein, kann sein, das alles.
Das alles, denke ich, passt in eine Briefmarken-
welt. Briefmarke, die –

BÄM

WOW

Da waren plötzlich Berge

Cornelia Hülmbauer

niemals nie

auszüge

als wäre ich dir nie begegnet
oder einmal allzu sehr
lag wach darauf und lebte alles ab
eine jede schicht
alles spinnen und gewebe
all das was sich so nicht zugetragen hatte
und was doch um mich geschehen war

geschehnisse gespinster
sieben biester bräuchte ich zum schutz
und für die zuflucht dutzende gehege
alles wilde zu beherbergen
bis es raunt und birst aus meiner brust
all das flimmern ihrer felle
dieser glanz im blick der elstern
sämtlich würd ichs zu mir nehmen
und dich gänzlich für mich ein

schlief mein bein unter dem tisch
stellte es sich taub
flog gegen dich
schwamm in aller dämmrigkeit
heran an deine knochen
legte sich mit ihnen an
wie ich es überhalb nicht wagte
spürtest du mich dennoch
spurtest du
wie viel gibst du zu

nichts als flüchtende gedanken
ihre farben tönen nicht
dieses hemd ist weiß
wie jeder schlachterschurz am morgen
ich verbinde es mit scheuem strick
ich bedecke jede schuld
bloß der kragen ragt heraus als ahnung
so und so erkennst du mich

ich schlinge mir ein tuch um das gesicht
so sehr du mir den atem nähmst
so sehr mich in besitz
so fest ich schwiege
unter dieses stoffs gewicht
ich wünsche-

-einen teil
der für das vielmehr steht
die hand legt sich ins feuer
die andere drückt sehr fest darauf
und pocht
dass nicht der ganze körper geht

ich dränge einen spalt
zwischen flucht und tür
leg ins dazwischen einen stein
an die grenze zwischen traum und tier
lichte stellen in das dämmern
glühen in den schläfen

ich schneid mir eine kerbe in die haut
für jede rot gedachte tat
bei fünf zieh einen horizont
bei zehn lass ich ihn fluten

übrigens gibt es für jeden Typ den richtigen Tee

Fick die Fieber-kurve

danach

„Blau, blau, blau sind alle meine Seiten,
blau, blau, blau ist alles, was ich hab'.
Darum lieb' ich alles, was so blau ist,
weil mein Schatz die JENNY ist."[1]

Blau wie der Himmel, blau wie das Gras und die Marillen.
Blau wie die Äpfel im Strudel zur Melange. Blau wie das Salz
im Gries und die Liebe.
Ja die JENNY, die JENNY ist blau, aber nicht so blau wie
das Meer auf Ibiza.
Das JENNY-Blau ist bunt. Inklusiv und extravagant. Es glänzt.
Es ist wir alle und mehr.

JENNY hat sich dieses Mal Texte aus allen Gattungen einverleibt und deshalb ist sie besonders dick geworden. JENNY naschte alt und jung, sehr hastig und auch durcheinander. Blaugans und Blauglanz, süß und salzig, Forelle Blau und Käsekrainer mit blanchiertem Blauschimmelkäse.
JENNY lädt sich zu fünft ein, auf Pizza mit Glitzer.
Mahlzeit.

JENNY hat gesammelt, gelesen und gewählt. Jetzt schläft sie nicht, sie tanzt! Tanzt überall und in Wien, auf den Tischen und den Bänken, in Mikrophonen, Megaphonen und zuhause. Sie breitet ihre Flügel aus, zupft sich Konfetti vom Leib und wirft es über die Stadt. Und darüber hinaus.
Blau hängt es an den Wänden und klebt auf Türen. Ein paar Wörter nur, die hinausschreien, was JENNY alles ist, sein kann und wird. Macht die Fenster weit auf und lasst sie rein, die blauen Windpocken von Wien. Einmal da, wird man JENNY schwer los. Und im Kleinformat wirft JENNY Postkarten.

JENNY hat sich ein blaues Kleid gekauft. Und einen Blazer.
Ihre Eltern feiern 10 Jahre Hochzeit.
Something old, something new.
Something borrowed, something blue.

JENNY hat 7 Zwerge und eine kleine, poetikfressende Schwester.

Spieglein, Spieglein an der Wand.
Zum zweiten Mal ist JENNY die Schönste im Land.

Es bleibt ihr den Hut zu ziehen und sich bei allen zu bedanken, die sie zu dem machen, was sie isst. Nicht zu weit lüftet sie ihre Kopfbedeckung, ihr Gesicht bleibt auch dieses Jahr verborgen.

[1] JENNY lackiert sich die Füße blau.

AUTOR_INNEN

VIKTOR DALLMANN

lebt in Leipzig und schreibt Lyrik und Prosa. Seit 2016 Studium am Deutschen Literaturinstitut Leipzig. Lesungen in Leipzig, Berlin, Stuttgart und Dresden. Zuletzt veröffentlicht in STILL 6 und Tippgemeinschaft 2019. Mitherausgeber der Tippgemeinschaft 2018.

ISABELLA FEIMER

*1976. Aufgewachsen in Schwechat, Niederösterreich. Sie lebt und arbeitet als freie Regisseurin und Schriftstellerin in Wien. Für ihre Texte erhielt sie zahlreiche Stipendien und Preise. Zu ihren Inspirationsquellen zählen ihre Reisen, die sie gepaart mit Wanderlust und Wissensdrang auf alle fünf Kontinente führten, und die Beschäftigung mit Bildender Kunst, Fotografie und Film.

CHARLOTTE GNEUSS

*1992 in Ludwigsburg. Lernte Buchbinden, studierte Soziale Arbeit und arbeitete in Asylbewerberheimen, am Theater, in der Kneipe. Berliner und Dresdner Jahren folgt derzeit das Studium am deutschen Literaturinstitut in Leipzig. Div. Veröffentlichungen in Anthologien und Zeitschriften. Teilnehmerin der Schreibwerkstatt der Jürgen Pronto Stiftung 2019, Mitherausgeberin des Inhaftiertenmagazins „Aufschluss“ der JVA Torgau und Leipzig.

ELENA HUBER

*1993. Studiert seit 2018 im Master Germanistik und Kunst für die Sonderpädagogik an der Universität zu Köln. Seit 2016 Beteiligungen an den SUBLIMA Ausstellungen der Universität zu Köln. Mitglied im feministischen Frauen*Kollektiv Münster. Dort auch wohnhaft.

SANDRO HUBER

*1997 in Salzburg. Studiert Sprachkunst und Philosophie in Wien. Preisträger des 32. Treffen junger Autoren, Berlin. «vôo» heißt auf Portugiesisch Flug.

CORNELIA HÜLMBAUER

*1982 in Amstetten (Niederösterreich), studierte Anglistik und Kunstgeschichte, promovierte zu sprachlicher Diversifikation in Europa. Seit 2016 Studium der Sprachkunst an der Universität für angewandte Kunst Wien. 2016 Finalistin beim 24. Open Mike Berlin, 2017 Stipendiatin des 21. Klagenfurter Literaturkurses, 2018 Theodor Körner Preis für Literatur. Zuletzt erschien MAU OEH D bei SuKuLTuR, Berlin 2018.

EVI JÄGLE & RALF PETERSEN

Evi Jägle studiert Kunst mit erweiterter malerischer Raum-Aktion/Skulptur/Installation im öffentlichen Raum und hat Philosophie studiert. Ralf Petersen studiert Sprachkunst, hat Soziologie studiert. Beide leben, studieren und arbeiten in Wien. Interessieren sich für Übergänge, Abhänge, Verdrängungen, Video, Theater & Collagen.

LUCA MANUEL KIESER

*1992. Studierte Philosophie und Theatergeschichte in Heidelberg und Leipzig, anschließend am Institut für Sprachkunst in Wien. Er veröffentlichte im FALTER, wespennest, kolik, LICHTUNGEN. 2018 war er Stipendiat der Kunststiftung Baden-Württemberg. Derzeit arbeitet er an seinem ersten Roman.

KATHARINA KLEIN

*1996 geboren im Dorf, lebt in der Stadt. Studiert dort Philosophie und Sprachkunst.

ANNA KIRA KOLTERMANN

*1992 in Erlangen. Beendete 2015 ihr Studium der Philosophie und Sozialwissenschaften, arbeitete zwei Jahre als Sennerin auf einem Berghof in der Schweiz, bevor sie 2017 am Deutschen Literaturinstitut Leipzig zu studieren begann. Neben Veröffentlichungen in der TAZ, erarbeitete sie Beiträge für den öffentlichen Rundfunk. In diesem Jahr ist sie Mitherausgeberin der Jahresanthologie „Tippgemeinschaft“ und Mitorganisatorin der Buchmesse „It’s a book“.

ANNA MASCHIK

*1995 in Wien, wo sie bis heute lebt. Sie studiert Sprachkunst an der Universität für Angewandte Kunst und Vergleichende Literaturwissenschaft an der Universität Wien. Sie ist Mitveranstalterin der monatlichen Leserunde Gläserne Texte. 2018 erhielt sie das Hörmannser Stipendium für dramatisches Schreiben.

CHRISTOPH MICHELS

*1986. lebt in Paris, schreibt Lyrik und lyrische Prosa, hat bisher Kurzgeschichten veröffentlicht (Signaturen-Magazin, Literaturseiten München) und arbeitet gerade an seiner ersten längeren Erzählung.

LINN PENELOPE MICKLITZ

*1992 im Thüringer Wald. Studium der Philosophie, Master am DLL, Literaturredakteurin beim kreuzer, Teil der Tippgemeinschaft 2019.

ANDRA SCHWARZ

*1982 in der Oberlausitz. Lebt in Leipzig. Sie studierte von 2013 bis 2017 am Deutschen Literaturinstitut und gewann den Lyrikpreis beim 23. open mike und den Leonce-und-Lena Preis beim 20. Literarischen März in Darmstadt. Im Herbst 2017 erschien ihr Debüt „Am morgen sind wir aus glas“ in der Reihe Neue Lyrik beim Poetenladen.

PAULINE VAN GEMMERN

*1998 in Langenfeld. Dort machte sie 2017 ihr Abitur. Lebte und arbeitete dann einen Sommer lang in Hamburg. Jetzt lebt sie in Leipzig, wo sie Literarisches Schreiben am Deutschen Literaturinstitut und Psychologie studiert. Sie war Preisträgerin beim Treffen Junger Autor*innen 2017 und hat 2018 den post.poetry-Preis NRW erhalten.

JANA VOLKMANN

*1983 in Kassel. Hat in Berlin Europäische Literaturen studiert und lebt seit 2012 als Autorin, Journalistin (u.a. für die Wochenzeitung „Der Freitag“, den „Standard“ und „Buchkultur“) und Literaturvermittlerin in Wien.

MIRJAM WITTIG

*1996. Studiert Literarisches Schreiben und Lektorieren in Hildesheim und schreibt an ihrem ersten Roman. Sie ist Teil der Redaktion der BELLA.triste und der Künstlerischen Leitung von PROSANOVA 2020. Sie war 2017 Preisträgerin von postpoetry. NRW und Stipendiatin der Werkstatt für junge Literatur Graz, 2018 Stipendiatin der Stiftung Niedersachsen. Veröffentlichungen in Anthologien.

APHORISMEN

Dann wurde
das Leben,
und zwar
extrem
beobachtbar,
auf einmal
geil.

(Hendrik Petersen)

das
anthropozän
sparkt
gerade so
wenig joy

(Jakob Dibold)

nur
mit dir
in der
U4

(Alexandru Cosarca)

aprikosen-
blau

(Anna Sophia Merwald)

und
Orpheus
duscht

(Martin Peichl)

Husten-
saft mit
Schirm-
chen

(Jennifer)

Kein
Rücktritt
vom
Rücktritt.
Punkt
aus.

(Sofie Lichtenstein)

BÄM
Da
waren
plötzlich
Berge
WOW

(Anah Filou)

notorisch
nuckelst
du am
himmel

(Timo Brandt)

Sommer
ging früher
einfacher

(Sophia Hembeck)

Mein Mikrobiom distanziert sich von dieser Art Plüsch.

(Carla Hegerl)

übrigens gibt es für jeden Typ den richtigen Tee

(Claudia Schneider)

dort ist jetzt eine Aida Filiale

(Thomas Trabitsch)

Ich möchte mich wirklich nicht verwirk-lichen.

(Carolyn Amann)

Fick die Fieberkurve

(Johanna Wurzinger)

trotz, trotz, der mops

(Stefan Heyer)

Liebe in der Nase Koks

(Gabriel Monthaler)

Man hätte Sonette schreiben können.

(Christoph Schwarz)

ich tu baden für mein Image

(Martin Eckerstorfer)

ketten-karussell-gedanken

(Julia Knass)

aprik

bl

osen-

au

COLOPHON

Herausgeber_innen:
HANNAH BRÜNDL
DORA KODERHOLD
GRETA PICHLER
BETTINA SCHEIFLINGER
MARA SCHMITZ

Library of Congress Control Number: 2019944622

GESTALTUNG UND KONZEPT
studio VIE – Anouk Rehorek, Christian Schlager, Elsa Kubik, Deborah Steffen, Pauline Jocher

LEKTORAT
Hannah Bründl, Dora Koderhold, Greta Pichler, Bettina Scheiflinger, Mara Schmitz

PROJEKT-MANAGEMENT
Projektleitung für die Universität für Angewandte Kunst Wien:
Anja Seipenbusch
Content & Production Editor Books: Angela Gavran

KORREKTORAT
Hannah Bründl, Dora Koderhold Greta Pichler, Bettina Scheiflinger, Mara Schmitz

ORGANISATION TEXTEIN-REICHUNG
Samira Hamdi

FOTOGRAFIE
Mathieu Cart

DRUCK
Gugler GmbH, Melk, Österreich

*Bibliografische Information der Deutschen Nationalbibliothek
Die Deutsche Nationalbibliothek verzeichnet diese Publikation in der Deutschen Nationalbibliografie; detaillierte bibliografische Daten sind im Internet über http://dnb.dnb.de abrufbar.

ISSN 1866-248X
ISBN 978-3-11-067032-5

KONTAKT
schreib@jenny-literatur.at
www.jenny-literatur.at
www.facebook.com/jenny.literatur
www.instagram.com/jenny_literatur

Institut für Sprachkunst
www.dieangewandte.at

9 8 7 6 5 4 3 2 1
www.degruyter.com